大展好書　好書大展
品嘗好書　冠群可期

大展好書　好書大展
品嘗好書　冠群可期

前　言

每個孩子都是父母心中的寶貝，愛之、呵之、護之，也期望子女「成龍成鳳」。西諺云：「三歲交我，六歲還你。」教育兒女是件艱鉅的工作，父母必須付出極大的愛心和耐心，努力去經營。

對人類的幼兒而言，真正最具決定性的時期，極端的說是出生後的數天間或甚至於數小時內。當然其後母親溫馨的養育可使嬰孩成長，但出生後的某些條件，可給予孩子一生都無法更改的決定性影響，這已在科學方面獲得證實。

就學者求知的精神而言，人類一生最為間不容髮時期的出生後研究，不是這麼簡單就能完成的，但動物實驗上已發現，誕生時受某種細菌影響的白鼠，其後無論在如何良好的環境下成長，仍永遠無法趧得上其他同類。因此可知孩子的教育問題，已遠溯至出生後的那段期間了。

古來的世人們認為孩子具有潛在能力，而誘導那個潛在能力就是所謂

的能力。但果真如此，則人類的能力除了發掘其潛在的先天性之外無法發展，如因人不同而有埋藏量的大小時，則終生就無法超越天生的能力了。無論任何孩子依其零歲開始所受教導不同而發揮令人驚訝程度的能力，其實例舉目皆是。

人類的能力並非像礦產埋藏量那般呈一定數量，而是從類似白紙狀態，純無的狀態之中逐漸更新開發而來的。因此，人類的能力原本屬於未開化階段，可予以無限度地伸展可能性。

教養孩子真的不容易，做父母的，必須真正去關心他、瞭解他。不管時代怎麼變，環境怎麼變，親情是永遠不變的。父母之於子女，亦師亦友，在他們需要時，適時伸手，幫他們找到一條不致繞圈子的遠路。

建議所有專家學者們對這項人類無其他事物可比擬的最重大幼兒教育問題，特別是從零歲開始的研究，賦予更精進的推動力。對育兒問題關心的母親們，必須也要小心留意，或許本書有作者的主觀觀念，但母親們至少應想出最適合自己孩子的教育方法，把孩子教養成社會上有用的人。

目錄

第一章　孩子隨母親而改變

第二章　創造能讓孩子發展能力的環境

第三章　興趣能讓孩子成長

序章　三歲開始教育太遲

無論幼稚園或三歲都太遲了

本書最大的特點就在於「無論幼稚園或三歲都太遲」的理論。

例如某位小提琴家，他就主張幼兒教育從四、五歲開始是最適當的時期。當時筆者勸他就我對幼兒教育的主張上，稍減低年齡施教，看看結果如何。他也說過，年紀大的孩童在學習小提琴過程中，雖記性較佳，但日後的造詣卻有頗大的差距。因此，他試行降低初學的年齡，結果是以兩、三歲初學效果最好，而且初學年齡越小效率越高。

尚有如下的實例。某個男孩從三歲開始學習英文，男孩之下還有一位小他兩歲的弟弟。弟弟每天在哥哥身旁，聽哥哥在家中以ＣＤ學習英文，到弟弟三歲正式學習英文後，他的英文程度立即趕過哥哥。

另外，某一年兩個月大的寶寶，時常靜靜的坐在媽媽的膝上看著哥哥唸書，經過七個月以後的某一天，小寶寶突然說出發音非常標準的英語。

人類的嬰兒要比猿猴等其他動物提早出生約十個月。據人類學者表示，這是由於人類需要直立步行，所以，不能在腹中停留過長的時間，而其他動物的確是出生後就立刻能夠自行到處走動。

這麼說，其他動物的大腦狀態，也是在完全成長之後才出生的，而人類嬰兒的大腦在出生時，應該說仍是處於白紙狀態！因此，如果從出生後的白紙狀態頭腦的觀點上而言，三歲開始教育太遲，當然是越早開始越有成效。

「偶像時代」決定人類

雖然主張可能範圍內越早起步越好，但並非主張從四、五歲才開始施予孩子的教育內容，在一、兩歲時就填鴨式的硬塞給他們。

關於此點，就是三、四歲以後的教育方式和從0歲到兩歲左右的教育方式，非得確實的予以劃分和區別不可。

從出生開始的第一階段時期，是反覆地讓孩子記憶的時期，三、四歲以後的第

二階段是培養興趣，以及領會的教育時期。依此理論而言，第一期當然比第二期更為重要，因此，將第一期名為「偶像時代」及「偶像年齡」。

這是因為在第一階段內，孩子們的頭腦接受各種事物和觀念的方式，和第一階段之後的各個時代相比，有顯然的不同。剛出生不久的嬰兒，當然沒有能力分辨他身邊的各個人長相如何，但是少則三、四個月，至多半年之後，嬰兒就能分別出母親的臉型和其他陌生人的長相，他們遇到陌生人即會哭泣，開始進入所謂「認生的時期」。

孩子能夠在瞬間進行這種極複雜的作業程序，並不是他們有能力分析各個臉形的特徵而後牢記在心，而是他們反覆地看到整個臉的「形像」，然後將這每天所見的形像當成「偶像」而烙印在腦海中。

像這種認識事物的方式，將它稱為「偶像認識」，嬰兒對「偶像認識」所具有的特殊能力，比大人所想像的還要更優異得多。

當然，母親的臉相，和嬰兒維持生命的動物本性本能之間密切地聯繫著，所以偶像認識的時期也因此而更早，更敏銳。

但如同前述的學習英語實例，或電視節目、汽車種類等，孩子們的記憶力超出我們的想像之外，不過，這種區別力和動物性本能之間毫無關係，只不過是他們不斷地反覆接受到這類事物而已。而且這些事物完全以「偶像認識」型態烙印在孩子的腦中。

換句話說，嬰兒從出生開始，對於我們日常生活中所使用的母語，每個人都能自由自在毫無困難地朗朗上口。這是由於嬰兒每天反覆接受的刺激，以一種「偶像」組合於腦細胞的配線之中，於是頭腦在不知不覺中，將這些所有的「刺激」逐次不加抵抗地引進而組織起來。

在「偶像時期」以偶像的型態烙印在腦海的「資訊」，領會之後而吸收，或做暗號熟背出來的。就像各國人說本國母語時，並不用經過思考文法結構就能立刻說出一樣，頭腦的構造即能夠將那些語言資料順利地接放進來。這種能力當然可以說近於素質和才能。

向來的研究結果，認為素質和才能是與生俱來的論點傾向較為強烈。因此，如果才能和素質是由「偶像時期」開始締造，那麼此時期內孩子教育方法的重要性，

可見一斑。

向來的「育兒」或「幼兒教育」無法創造「人」

關於育兒以及幼兒成長方面，絕對無法否認，在生理上或肉體上的成熟自不待言，同時，精神上或智能方面的領域也隨之並進。但向來的育兒思想，極端而言，學者們深信幼兒尚沒有「精神」，也沒有「心智」，或甚至於沒有任何「智能」。

當然，在醫學未發達的「黑暗時代」裏，育兒最大目標，在於讓自己的孩子早一天成長為雄偉的男子漢。可以說，從前母親們的最大期望在於不但要使兒女的頭腦清晰，同時更要使「肉體」健康，只要達到這兩方面僅有的希望，天下的母親們「於願已足」矣！

對於現代的母親們來說，沒有任何事情比自己寶寶的健康更重要。但希望天下的母親們，還需對寶寶們的精神領域和頭腦領域賦予更多的關懷。因為「頭腦」的發達正意味著身為一個「人」的成長過程。

人類和動物間最大的不同就在於人有思想的工具——「頭腦」。因此，如果專注於孩子肉體的成長，而忽略了頭腦的成長，誤認為長大後再培養智慧，那就太遲了。作者堅持的主張在於：人類最重要的頭腦成長是包含著精神和智能，它與肉體的成長，應是同時齊頭並進的，出生之後我們非得雙管齊下不可。

有史以來的幼兒，可以說是基於這層意義上的育兒理論之延展。如果不對出生之後直到兩三歲的幼兒頭腦之極特殊時期加以重視，等到進小學、國中以後再培養，這是極端荒謬的理論。

筆者絕對反對向來的幼兒教育，大人們忽視了締造一個「人」的側面，而只顧熱衷於所謂的「英才教育」或「天才教育」。

「偶像時代」的教育，只繫於母親一人身上

寫到這兒，大家都了解幼兒教育須從「偶像時代」開始，延至三歲已太遲的原因了。接下來的問題是要由誰，並且怎樣做才能對「偶像時代」的嬰兒樹立偶像予

以教導呢？

當然這就是本書欲論述的重點，此處再次提出最基本的論點略加敘述。

首先來談「誰」的問題，如果從「偶像時代」的嬰兒以及利用偶像認識的觀點上來看，可以知道，必定是只有母親才能擔任這個工作。也就是說，雖然孩子從出生到一兩歲的時期，在肉體上、生理上都已漸次成長，但仍然離不開母親的身邊。此時期與其說是教養孩子成為一個「人」，倒不如說是基於動物性、生物性的本能上，而和母親強烈地聯繫在一起的時期。

考慮到這個時期中，如利用可能性的偶像認識而施教，必不可缺的方法就是有耐性地一再「反覆」。而能夠隨時隨地就同樣一件事物反覆的給予孩子深刻印象的人，當然除經常和孩子生活密切，以及灌注愛情的母親外，不做第二人想。

或許有人認為這對於母親是個相當為難的要求，但事實上卻完全相反。只要在「偶像時代」中，能夠利用偶像認識的教育效果養育孩子，孩子們或母親們絕不會感到任何痛苦。

孩子們對同樣的事想用「更多」，或「再來一次」的語言，要求學習更廣泛的

智識，卻無法以語言表達其心中渴望的這種情緒時，正是此一時期。

孩童需至四、五歲以上，才能在接觸事物時以腦筋分析：「哦，原來是這樣啊！」而完全了解事物獲得滿足。

但「偶像時代」的孩子們，卻無法具備此種能力，因此，更應從各方面反覆地或以「偶像」深烙在他們的腦海內。

孩子長到三歲以上即會反抗或表示異議，此時如果再施予「偶像」教育，就形成了「壓迫」教育的弊端。就像長大後的語學教育或禮儀教育，無論對孩子或雙親都是頭痛的問題。但在既不反抗也不唱反調的「偶像時代」中，無論我們灌輸給孩子多少東西，都不會變成對孩子的「壓迫」，他們自然而然的會樂於牢記自己所喜歡記住的事物。

最後是「如何做」的問題，這個問題也在於母親的決定。只要雙親希望教導孩子哪一種知識，就可以選擇施予，例如語言或音樂等。但在這種時候，呼籲大家留心的是以「偶像」施予的事物，絕不要硬期望把孩子在這期間內造就成未來的外交專家或音樂天才。

這些在書中當會詳述，不過筆者認為，將生之為人的基本生活習慣或生存的準繩等做為育兒的「偶像」，並加以尊重是最重要的。

把孩子培養成不驕傲，同時也能替他人設想的「人」，他才確實能夠歡度豐富而充實的人生。

第一章　孩子隨母親而改變

——偶像時代中雙親責無旁貸

「好母親」是指以至愛及堅忍培育孩子成為一個「好孩子」的母親

我們計量事物的基準之一，就是最方便的標準——「好」或「壞」。無論就評論音樂或繪畫，甚至於觀賞電視節目時，在會話中最常聽到的就是「好」，「壞」兩個形容詞。但好壞的判斷是極為主觀性的意見，某人心目中的好音樂，在他人的眼中說不定是不堪入耳的雜音。

這是極正常的現象。那麼，我們所謂「好母親」或「好孩子」時，既然各人主觀意見各異，那是否就沒有一個絕對的價值基準可用來衡量。

許多久居國外而回國的人們，幾乎異口同聲指責的事項之一是，孩子們缺乏公德心。或許大家會認為所謂的公德心，是道學者們常掛在嘴邊的玩意兒，但普通大多是指在公共場所內使他人感到困擾的某些行為，筆者也想列舉數項做為參考。

例如，搭乘公共汽車或捷運時，突然插隊搶先佔座位，或弄髒旁座人的衣服也毫不在乎等。而就有不少母親對孩子的這種行為不加指責，任其放肆胡為。

像上述的例子，只不過是涉及孩子教養的問題而已，無法明確區分其為「好」或「壞」，但如果我們反問何謂「好孩子」時，或許更有各種不同的答案。對於「好母親」的解答說不定也同樣繁多，但世上千千萬萬的人對於「好」、「壞」的評價唯一同感的，大概是對「好母親」的評價了。

所謂「好母親」，是懷抱強烈的意志和愛情，執意要把自己的孩子教育成「好孩子」的母親而言，這樣說相信不會有人提出反對意見吧！

雖然對「好孩子」的標準也各有不同的結論，但如果我們說沒有絲毫意念想把孩子培育成自己心目中的好孩子的母親，實在沒資格當個母親的話，相信諸位不會認為太過分。

因此，每個「好孩子」是依父母親在孩子能夠自由支配自己的思考的三歲以前，如何教育這個孩子而決定。

美國著名的心理學家T・布魯納博士，對好父母親所下的定義是：「迅速地設立以語言為始的相互溝通方法，並依此而促進遊戲和對話的人們。」如果依此來說明，應該是：「在偶像時代中，意識性的自我努力，而想把孩子造就成好孩子的雙

親們。」

俗話說：「沒有雙親的孩子也能夠長大成人。」但我們知道「成長」和「撫育」是截然不同的兩回事。目前則是：「即使有雙親的孩子也難成長」的時代，即身為母親的，沒有強烈的慾念和愛情去「撫育」孩子，絕無法讓孩子們成長為「好孩子」。

視母親即知孩子

我們常說：「孩子是反映母親性格的鏡子。」只需看孩子日常行為，就可對父母親的為人一目了然。哺乳幼兒期中，母親的教養和教育對孩子所波及的影響，較身為母親的人想像中更巨大久遠。

小兒科醫師們經常是同時觀察母親和孩子的狀況而開藥方，因此，老練的醫生只要稍掃視一下等在候診室的母親們，就能立刻找出誰是那個孩子的母親。

關於這方面的事，長年熱衷於幼兒教育的黃女士曾有相當有趣的親身經驗。黃女士自己也開設幼稚園，在她手下畢業的學生已近於五千人，她說她招收幼稚園的入學生有三種方法。

第一，是同時測驗母子的方式；第二，是依照報名的先後順序；第三，是依抽籤決定。

為什麼她要用這三種方式選擇學生呢？如以第一方式，因母親的原因而致使孩子落選，事關身為母親的尊嚴，為了顧及母親們的面子，只好再實施第二項方式，但是人數如有超過的時候，只好再以第三種辦法招生。

引人最大興趣的是，這三種方式之下入學的孩子們，到底彼此之間有沒有那些方面的差異點呢？

黃女士的經驗，以第一種方式甄選入學的小朋友最為優秀，而以第三種方式入選的孩子，大多數屬於所謂的「品質低劣的製品」。

黃女士主持的幼稚園每年有一百多人畢業，其中以第一種方式入學的孩子經過數年後，幾乎有一、二十人會考進一流大學就讀。如果畢業生有一半是男生，那麼仍可以說，幾乎近三分之一的畢業生進入一流大學，同時我們也可看出，以第二、

三種方式入學的兒童，其日後就學的比率相對地降低。

當然，作者絕對沒有因進入一流大學就讀即屬於優秀青年，非一流大學的學生就不優秀的陳腐思想，但根據這個有趣的統計，所謂「孩子是反映母親的鏡子」這句話，不是已經相當的明顯嗎？同時也希望各位父母親們，不要誤以為如果想讓孩子進入一流大學，那就非得幼稚園之前即開始努力的教導，我之所以特地介紹本節的例子，就在於想讓各位明瞭，上幼稚園以前父母親的教導方式，甚至於影響到日後長大的大學招生，真可謂不得不謹慎。

我們常說看看孩子就等於看到父母親，母親的性格或教養態度，如果是握著孩子將來的前途，那麼，母親的責任難道不是比任何人都重大嗎？

孩子兩歲前母親應傾全力於育兒上

如果我們詢問剛生下孩子不久的年輕母親們，為什麼要生孩子時，她們大多數毫無責任感的回答：「因為家庭中需要一個小孩子」，或「我先生很想要個孩子」

等等。甚至有人回答：「因為無聊呀！」這些母親們簡直把小孩子看成是「大人的玩具」。

另一方面，如果我們請問那些不肯生孩子的母親們，她們可能以自我為中心，自私自利的答道：「我工作太忙啊！」或者「生活困苦」，或者「如果專心撫養孩子，那我豈不是更易蒼老」。

當然，職業婦女結婚之後，工作、育兒、家事三者同時需自己親自去著手「工作」是相當辛勞的，所以，我們也應該同情職業婦女們躊躇不敢貿然生產的顧慮。但對於女性的「天職」而言，沒有任何工作比育兒來得更重要。

某一名人曾經嚴厲的指責說：「如果一個人說她忙得無法照顧嬰兒，我當然也無話可說，但各位想一想，這世界上還有比撫養嬰兒更重大的工作嗎？如果你真有這麼重大的事待做，那為什麼又要生孩子呢？最好等五、六十年以後，將所有那些工作完成之後再生孩子吧！」

我不知道那些因無聊而生孩子，和因工作纏身而無法撫育孩子的母親們，聽了這席話之後會有什麼感想。某著名的女評論家是個道地的職業婦女，但她卻極巧妙

地實行了工作、育兒、家事這三大艱難的工作，她也曾嚴詞指責那些不把育兒視為婦女天職的女性們是懶惰蟲。

女評論家在「母親時代」時，如果要上班，她即經常考慮如何把家搬至距離自己娘家最近的地點，並指示她的母親要如何照顧自己的寶寶，每當她下班回家後，必定確實檢視寶寶的狀況如何。雖然育兒對女性而言是繁重的工作，但卻也是偉大的生存意義之一，也正因為如此，所以，做母親的才更應該能夠熟練地同時實行家事和職業兩方面的工作。

女評論家從她親身經驗中，經常對那些極想逃出家庭外出工作的母親們說道：「現在正是妳人生旅程最有趣的時期。因為妳可以當一個隨心所欲的偉大教育家，也可以成為營養學家，更可以變成設計家。」同時，規勸母親們盡可能的專心致志於育兒工作上。

作者深信，從嬰兒的發展過程來加以考慮，孩子兩歲以前，母親應將全部的精神放在育兒上。因為孩子的「偶像時代」裏，除了母親以外，沒有任何可以給予孩子最優良的刺激和最完整的教育。俗話常說：「生產是女性一生最重大的工作。」

但也可說孩子出生之後，人世間最偉大、最艱鉅的工作正等待著母親。

即使一個人能夠當上哪種行業的專家，但如果無法有效地育兒，我們可以說在其他工作方面她也絕對不能成就任何大器。

正如諸位所熟知的，人類和其他動物的寶寶不相同，人類的嬰兒是在未成熟的狀態下出生的。因此，剛出生的孩子不僅不會說話，也無法像其他動物那樣能夠立即直立步行。

動物的幼兒即使沒有雙親的照顧或撫育，也能自立更生地成長，但人類的嬰兒非藉助於母親的手，就無法獨自求生。作者之所以一再地堅持母親在孩子未滿兩歲前應傾全力於育兒工作的原因也在此。

未成熟的嬰兒經由母親慈愛的手教養成壯大成熟之後，我們才能說母親已經產下一個健壯的胎兒。母親們經歷「生產的痛苦」煎熬之後，好不容易生產的寶寶，如不好好的教養成人，那豈不是白白地喪失了那陣痛苦的意義了嗎？

不過我們知道，認為生下孩子後自己的責任已完成，而專尋求自己生活樂趣的婦女們不在少數。但反過來說，人類並沒有任何事會比親手撫養孩兒成長更令母親

感覺愉快的工作。

幸運的是，正由於人類的嬰兒在未成熟時即已出生，所以身為母親者才能同時具備教育家、營養學家、設計家，甚至於醫生和宗教者。而在母親身兼數職之下，孩子才能成長得更茁壯。這麼重要期間內的工作，如果委託他人，可以說是個只生蛋不抱卵的母親，除了指責她們為「懶惰蟲」之外，再也沒有其他言詞來形容這種母親了。

從前面所談過的內容分析，我們知道，嬰兒並不是因為母親無聊而生下來做為母親的玩伴。依孩子兩歲前的教養方式，而能對孩子的將來做某種程度的決定性關鍵時，那麼，在短短的兩三年中，母親付出全部精力去撫育，不是對孩子的前途做了最大的投資嗎？

嬰兒的教育從出生的瞬間開始進行

古代的人，在小狗出生的時候，常用毛巾包著懷錶放在狗窩內養育小狗。據說

懷錶的嘀答聲正好跟母犬的心臟跳動聲音一樣，所以能夠讓小狗安心的睡覺。不僅是小狗，無論是那種動物，從母親胎內出生的時候，都感受到極強烈的衝擊，所以，牠們在母體外如果能夠像在胎內的時候那樣聽到母親心臟的鼓動，牠們就會相當的放心。當然人類的嬰兒對此種安全感的需求也不會例外。

曾有實驗報告證實，以諧音器的聲音調成和母親心臟鼓動相同的頻率，讓嬰兒聽，嬰兒即不會亂吵亂鬧，但如果加速頻率，嬰兒哭泣的次數也相對的增加。利用此種實驗的結果，最近已經發明將胎兒在母體內所聽到的心音變成音樂帶，這可說是相當有趣的嘗試。

此外，近來一般的醫院大多將產後的寶寶和母親分隔在不同的病房，俟母親體力恢復之後再合住一起，但據說把嬰兒的床鋪放在母親病房入口附近，該嬰兒腦部的發育較為優秀。

對於剛出生的嬰兒而言，他們落地之後的數小時或數天期間，是一生最為緊要的時間。但母親們在這最重要的期間，為了自己的寶寶們做了些什麼事呢？大多數的嬰兒都被送至育兒室內加以特別的照顧，這也許是為了衛生上的問題或保護母體之需，所以，幾乎只在授乳時間才讓嬰兒和母親面對面相處，但嬰兒的教育卻非得從出生的瞬間開始不可。

一談到所謂的教育，世上那些身為知識份子的媽媽，或許立即搬出一大堆育兒寶典或幼兒心理學，開始鑽研如何把自己的小寶寶培育成優秀兒童。但關於生產或育兒，原本即需考慮到動物性本能上的血緣關係。妊娠、生產、育兒本來就是傾向於動物性方面的習慣，絕對和用白被單包裹著送進無菌室之內隔離的事毫不相干。如果我們輕視動物性的本能，也就等於錯過「教育期間」的大好時機，日後無論付出多大的努力，終究無法挽回。

在育兒知識豐富的母親手中撫育的嬰兒，許多都變成「自閉兒」，這正可顯示出母親的那一套知識，相反的卻成為妨礙嬰兒健全發育的毒素。

希望透過本書，強調世上的母親們要在育兒方面付出更大的責任，而其基礎即必須從聯繫母子的動物性血緣本能上出發。

當然如前所說過的，與其要讓孩子傾聽人造的心臟鼓動聲，倒不如讓孩子躺在母親懷中，傾聽母親真正的心跳聲來得有效果。精通「科學育兒」的母親們，妳是否遺忘最重要的這點呢？

母親的胸懷是剛出生的嬰兒最好的教室

最近的年輕母親之間最關心的大事，可能是到底以母乳餵養嬰兒好，還是以人工營養餵養嬰兒好的問題。何者對嬰兒的「利益」有絕佳的好處，很難遽下判斷，但如果母親是以保持自己胸部的健美為理由，而餵與人工營養素，倒令人覺得委實有點過分。

前面說明過，母親把嬰兒抱在胸前，讓嬰兒在乳房上吸乳，並傾聽母親的心跳聲，而且不斷地注視著母親的臉龐，這樣嬰兒的身心才能健全地成長。同時，這樣做也才真正屬於母親和嬰兒的關係。

我們並不難想像，奶嘴和母親的乳房，對孩子腦部發展的影響有多大的不同。

美國某婦產科醫院曾做過一項臨床實驗，把剛出生的二十四個嬰兒分成兩組，一組安置於全是嬰兒的育兒室裏，另一組睡在母親身旁的小床，嬰兒想吃奶時則立刻餵與母乳。經過兩年及五年之後，再調查嬰兒的語言能力，結果發現以後者方式培育的嬰兒，其語言能力較前者更為優越。

母親們若真要替孩子的將來設想，如不在最適切的起點立即教育，而等到嬰兒成長，即將進入幼稚園時才想培養孩子智能上的發展，大概孩子們已無能為力達到母親的期望了。

其實，只要母親把孩子擁抱在懷裏餵與自己的乳汁，那麼，用不著讓孩子特別辛苦也能夠使自己的孩子擁有足夠的智能。母親的胸懷對於剛出生的嬰兒而言，是任何東西都無法比擬最優良的學習教室。

由於母乳的飲食與孩子的健康有著密切的關係，因此，在採用母乳餵養時，母親應該注意自己的飲食是會影響孩子的健康。

根據德國《彩色畫刊》報導，哺乳的母親應忌吃蘋果、洋蔥、甘藍類蔬菜和核果。食用這類食物會由母乳而易造成孩子腸絞痛。但母親食用成熟的蘋果、新鮮的紅蘿蔔，燉過的花椰菜，則孩子的腸絞痛就可以立刻消除。

根據專家指出，站在營養學的觀點上來看，由於母乳中含有容易消化的乳蛋

白、豐富的脂肪、糖、維生素、酶、礦物質和各種抗體等，這些都是幼兒生長、發育所必須的。因此，以母乳撫育的孩子要比用牛乳等人工營養素撫育的孩子更富有疾病的抵抗力。

小兒科醫生們也常說，吃母乳長大的孩子，對傳染病的抵抗能力更顯著，以人工配方餵養的孩子，容易感冒或易罹患各種疾病，當然，我們並非視母親們保持自己美艷的努力和心理於不顧，我們只期望天下的母親們都能了解，嬰兒在母親身邊以母乳撫養，才能成長得更健壯更聰明。

同時也希望天下的母親們細加玩味一下，將自己體內製造的養份，從自己體內直接餵與嬰兒，不但是為了撫養孩子，同時更是神所賦與天下母親們神聖而莊嚴的工作。

三歲前的嬰兒教育屬於「壓迫時期」

美國的一項調查發現，用母乳餵養的嬰兒比用人工配方餵養的嬰兒更聰明。其

原因，不是乳汁本身的作用，而是由於母親的養育方式的結果。在美國用自己乳汁餵養嬰兒的母親，多來自較高社會階層。同來自較低社會階層的母親相比較，她們的智商較高，又具有「養育兒女的較好方式」。

另一些研究則認為，用母乳餵養的孩子智商雖然高，但是，一旦母親的智商和養育方式受到控制，則用母乳餵養對孩子的智商就沒有什麼影響。可見用母乳餵養的孩子智商和養育方式得法有關。因此，為了促進孩子的智力發展，使孩子更聰明，父母不僅要給孩子更多的愛和關心，還要不斷地提高自己的學識素質、道德修養和育兒知識，採用更好的養育方式。

如果我們請教教育專家，關於孩子的教育問題何者最重要，可能大多數人會回答，重視孩子的自立性，並讓他們了解事物的本質且接受它，這樣的話方有可能施與教育。

相反方面的說法，大概是指壓迫孩子強記或死背。特別是現在教育方法著重於尊重孩子們的自主性，不再是機械性的記憶或技術，以學習事物的理解為主的學習教育理論為主流。我們並不想對這種教育的成果做全盤的檢討利弊，但至少上述的

教育理論，對於三歲為止的幼兒教育方法完全背道而馳。

事實上，想教導孩子們新知識並讓他們能夠吸收，與其單純地強迫孩子們死記死背，倒不如想辦法讓他們理解其內容，並把握問題的本質，這樣的確是較有助益。但這種方法必須對於理論性思考有某種程度的理解力的孩子才能適用，對於兩三歲的幼兒來說，完全不能適用此種方法。

對於幼兒而言，費盡心思口乾舌燥地去說明事物的本末，勉強他們了解其中道理是最沒有用的事。但同時我們也不能因此而遽下結論，認為不需把孩子們無法理解的事物教導給他們。

總結的說，對於三歲左右孩子的教育方式，無論強迫他們死背或死記，只要逐漸在他們腦中形成「反正就是這樣」的結果就行了。換句話說，雖然在兩三歲的年齡時，孩子們並沒有卓越的理解力或領悟力，然而卻是能夠把各方面的事物以一種偶像烙印於腦海中，予以吸收的時期。

對於只能簡單以母語表達思想的小孩子來說，卻能夠一眼區別數十種汽車的種類，或牢記電視節目的時刻表，或逐漸熟記困難的國字等功夫，這並不是說他們能

分析事物加以判別，或理解歌詞、中文的意義而熟記下來的。而是因為他們深具動物性的直覺，以一種大人們的能力遠不能及的偶像認識力，在瞬間把握全體的形像而領悟。因此，這種時期可稱為「偶像時代」。

由於此時期中的幼兒腦部不像大人們的腦筋那樣擁有批評性或分析性的觀點，只是一張白紙狀態而已，所以可說，他們也因此具有一種無需理解或領悟就能吸收的能力。

相反地，如果放縱這種白紙時期的孩子不加管教，任其發展，那麼，他們同樣的也毫無選擇地吸收壞事、壞習慣，終究變成無教養的孩子。

因此，在無法自主地判斷事物良否的孩子頭腦中，無論雙親強迫他們或逼迫他們牢記正確而無誤的偶像，並使他們深信不疑，當然無論是機械性、物理性，或生理性等不斷地予以重複教導，必能收到預期的效果。

父母的智商和養育方式與嬰兒的智力發育有著密切的關係。一般地說，父母的智商較高，有著「養育兒女的較好方式」，則對孩子的智商有著較好的影響，會使孩子變得更聰明；相反，父母的智商較低，養育方式不好，會使孩子的智力降低。

撫育即是在幼兒期身上塑造典型

美國心理學家伊莉莎白・史貝克的研究發現，思考是人之本能，而非後天習得。這種能力生來就有，和感覺及運動功能一樣早發生，嬰兒既能觸摸、看東西，又能思考。史貝克說，嬰兒曉得固體物移動，必須不斷沿一直線前進，它不能穿過另一個固體物，還知道固體物移動時，必須是一個單一的實體。

前面數節已說過，在孩子三歲為止的「偶像時代」中，必須父母親的「強迫」，但是「強迫」的方法又如何呢?這種方式可大別為兩種，其一就是有關言語、音樂、文字、圖形等所謂知性的頭腦活動，並以這些活動做為材料的偶像，有關這些內容前面已詳細介紹過。另一種方式是，把人所必備的基本規準或行為禮儀，在純白紙階段時，塑造在孩子們的腦海中。

人類的行為禮儀，或許有人會認為其中已加入了各人的人生觀或價值觀，而沒有一種足以做為標準的普通性繩矩。可能更有不少人懷疑把雙親主觀性的人生觀，

強迫灌輸予毫無批評能力的幼兒是否妥當，但本書所說的並非如人生觀或價值觀那麼高級的學問素養。

人的最低準則規矩，而且屬於最低的客觀性，應該沒有人會加以懷疑吧。無論思想或主張相異的人士之中，至少對於人最基本的規矩的看法或許可獲得一般地同意。例如，人非得尊重各種生命不可，不能光為一己私利還得替他人的立場設想，不可凡事依賴他人，需自己先設法解決難題等，這些都是我們所認為理所當然且每一個人所必備的最低基本準則。

這些乍見之下似乎理所當然的義務，實在無需一再提及，但如果人類有一萬人嚴格而忠實地真正遵守這些義務，人類必定可使人活得更為融洽，也更為安樂。所謂人類最基本的行為禮儀，難道不是這簡單的幾件事而已嗎？

雙親能夠給予「偶像時代」中的幼兒最大的主題，就在此處。為什麼雙親非這麼做不可？又為什麼這些規矩、行為禮儀如此重要呢？這更不需要說明吧！從孩子呱呱墜地之後，雙親們時或在態度上、語言上，不時將人類最基準的規則以「偶像」的形態讓它在孩子身上定型。當然，孩子成長之後，必會領悟這些禮貌行儀教

養的真正意義了。

或許孩子們把大人教導的禮節融化於自己血肉之中，認為理所當然而消化吸收，必能時時意識到自己的行為，並毫無疑問地自然而然的遵從他們所學到的一切做人的基本禮貌。這樣才是百分之百的撫育和成長。

在幼兒期身上塑造的生存方式的典型，是永不消失的教育之一，也正因如此，此時期的正確教導，才能導致這個孩子日後更豐富的人生旅程。

錯過幼兒期教育，日後再努力也枉然

前一節說過，撫育即是在幼兒期身上塑造生存方法的偶像，讓他們去學習。但或許也有人會反駁：「沒這回事，人生的基本性規矩禮儀等習慣，是在人類的成長過程中逐漸的學習，日久之後自然會在他們身上定型的。」

不過諸位想想，出生就耳濡目染，自然而然地學會母語的人，和長大之後再付出巨大的努力去學習同一種語言的人之間，就算他能夠運用得再順暢，但兩者之間總會有些許的差異存在。

就如同這個道理般，涉及人類基本性的禮儀規矩，從剛出生就每天反覆不斷地教導，讓這些行為準則常存於心，總比長大之後再費盡心思去教導，來得方便，也較不會存有任何的差異。

就以此觀點為大前提，來對人類做另一番評價，可以找出不少的實例來印證這種理論。最典型的例子可算是現代人早已遺忘了的「信仰心」。如果我們考慮到人的基本性規則，那麼，恆久以來即存在於「信仰心」之中的謙虛而虔敬的心胸，以及對他人設身處地思考等修養，必會對這些基本修養有所助益。

出生以來即視為理所當然地祈禱，或在雙親、家庭的生活態度上學習做人的道理而成長的人，以及成長之後才和自我之間歷盡掙扎奮鬥於煩惱中，好不容易塑造自己正常的人格的人之間，即使抱持同樣地信仰心，但是，其中必有或多或少的差距。

從多年來總歸納的結果，答案完全雷同。那就是，如果雙親具有偉大的信仰心，出生後自然而然地在優良宗教氣氛中成長的人，在日常生活習慣上，他們幾乎

沒有察覺到那是宗教或信仰的力量使然，而能理所當然地以謙虛虔敬的態度對待他人。此外，這種自動塑造的生活態度和行為規範，在遭遇類似「鐵達尼號」輪船沈沒事件等生死關頭時，都能表現出沈著的行動和偉大感人的情操。

相反地，成長之後再學習的信仰心，無論如何都不能去掉那層觀念性的「外衣」。因此，我們可以說不僅是信仰心，即使有關「撫育孩子」的問題，也完全相同，絕不是用紋身或烙鐵強印上去的虛浮表層。

根據臨床心理學家指出：「日後苦心積慮地去學習模仿成功的人，和自幼即在正確的家庭氣氛中成長的人相比較下，雖然前者偶爾也會出現成大功立大業的偉人，但令人不可思議的是，這些人卻在人格方面有某些方面的缺憾。」

當我們看到有些人實在真正能夠區分善惡、酸甜，但卻由於一念之差或觀念上的問題而很快地誤入歧途，因此，大家都會不約而同替他們惋惜——啊！這麼有能力的人、有見識的人、辛勞努力的人，竟然會做出這種糊塗事……等，這就是當事人本身毫無察覺的問題癥結所在。

諸位千萬不要誤解，這種人格教育上的良莠與否，絕對不是在豐富的物質生活

上可以換取得來的。同時也和祖先是上流社會階層，或中流社會地位等門第之間，絲毫扯不上關係。人們時常爭吵的諸如雙親的職業，或社會性地位高下，或人種的差別等因素，更沒有任何決定性的影響。同時如同剛剛所提過的相關例子一樣，也絕不是只要我們虔誠的信奉某種宗教，那麼，孩子們的教育就是絕對地萬全，這也同樣是錯誤的想法。

如果真的信仰宗教就能培育優秀子孫，那麼，幾乎每個家庭都虔敬地信仰宗教的西洋人，必能夠代代有奇才，而對於棘手的國際紛爭，也用不著以戰爭的最後手段，就能即刻簡明地解決。但事實不正如大家所看到的嗎？

無論擁有多麼偉大的宗教或文化，如果雙親們不徹底的講求對小孩子的教育方法——特別是三歲為止的教育方法，就等於是入寶山空手而回一樣地徒然。

本來宗教教育理應是創造「人」的教育，但如同我們眼見，近來歐美社會的頹廢即可一目了然，宗教教育在目前幾乎已變得無能為力了。追究其原因或許也有各種不同的說法，但也可能歐美人士正期待「三歲前的孩童教育」能夠解決他們擾人的困境。

這也同時暗示著一件重要的事，那就是，到了能夠理解事物是非善惡的年齡後的教育，已經到了山窮水盡的地步。在此，再一次不厭其煩地提醒諸位，成年之後，無論如何辛苦地去學習人所必須具備的基本法則，即算能夠習得，但和幼小時血肉化的「教養」、「修身」之間，必定會有些許人格上的差異。

小孩的感受性超乎大人的想像

一再地說明，應該盡可能的在早期即給予嬰兒「良質的刺激」，但是話又說回來，除了大人們「意圖性」給予的教導之外，其他的事物會不會自發性地進入孩子們的頭腦中呢？

當然是會的。而且如果大人們稍掉以輕心，孩子們的敏感性著實令大人驚異，他們甚至經常會吸收令大人不知所措的事物。

舉個實例來說明，某個母親在她長子三歲左右的時候，妊娠中的胎兒卻流產。當然她認為把這件事情告訴什麼都不懂的孩子他也不明白，因此，她打算就讓這件

事不了了之，不再提及，但沒有想到，她的長子卻莫名其妙地擁有了「死亡」的強迫觀念。

聽說為了消除孩子心中「死亡」的陰影，夫妻倆著實耗費了不少心血。

即使沒有人提起流產的事，但日常雙親的生活態度上，對於摘取了極小的生命之芽的恐懼和歉疚、不安等感覺必定表現在某方面。

或許是大人們在閒聊時忽略到孩子的存在，而不知不覺中討論流產的原因或經過，也有可能。姑且不論事實如何，但是，在幼小孩子的頭腦裏就因此深印著去世小寶寶的「死亡」形象。

就有一位絕對還記得自己在八個月大時，鄰居失火的情形，而且他還說，到現在還記得一年幾個月大時，媽媽生下弟弟時家裏那種熱鬧的場面。但這些事情有時候是長大之後，聽父母親提及小時候的事情，記在心中以後而誤以為是自己小時候的直接記憶，當然這是一種錯覺，不過，那絕對是他個人自己從小留下來的記憶，絕對不會是聽來的。

日本前首相田中角榮，曾經跟人家說過，他深刻地記得小時候，曾看見身穿金

袈裟坐在轎子上的高身份僧人，通過街上時的威風情景。經過求證田中的母親之後，他母親說那天大概是田中兩歲左右的事，所以，他絕對不可能記住的，但由此看來，田中的記憶的確沒錯。

我們也可以說，正由於當時的形像使田中期望身為政治家以獲得權勢和威風，所以造就了日後的田中。

心理學家莫妮卡•克諾夫認為，嬰兒的智力出乎意料，比人們想像的要聰明。嬰兒能夠用眼睛跟著做簡單的數子遊戲。克諾夫說：「我們給嬰兒看不同數量的點。最初他們注視著二個點，等到熟悉了以後，就開始失去興趣。但當我們接著展示三個點時，他們的興趣又來了。」

就像上述的例子，嬰兒吸收事物的能力實在令人訝異。當然在此處，我們也不得不指責大人們誤以為嬰兒還是不懂事的年齡，而做出不應該做的事情出來。當然，身為母親即使看到孩子天真無邪的笑臉，也要了解他們仍然明白大人的心理狀態或家庭內部的問題，以及家庭的行動等「氣氛」。

所以，不要忽視孩子的存在，要以對待一般大人的態度去和孩子們接觸。

三歲之前的教養無論多嚴格都不會有不良影響

如果到百貨公司的玩具販賣部去，常可看到兩三歲的孩子又哭又鬧的向媽媽吵著要買玩具。要是停下來看進一步發展，結果大都是媽媽這一方面認輸，不勝其擾之下買了玩具給孩子。每當看到這種情景時，不禁令人想大聲阻止：「不可以在這種地方向孩子屈服。」

這麼說，必定又有人會不以為然的反駁：兩三歲的孩子根本不懂事，再怎樣說明他們也無法理解，不如等到孩子懂事後再徹底的教誨他們。

母親們的想法大概都認為，兩三歲以前應該順著孩子們的要求，直到四歲以後，當孩子們心中有自我觀念再嚴格管教即可。但如果不在三歲以前絕對嚴厲的管教，錯過時機，日後儘管如何嚴格也絕不會有效果。結果，不論孩子上了大學或踏出社會服務，一旦任何事稍不順自己要求時，他們同樣像個小孩子般地撒嬌吵鬧，絲毫沒有一點大人的氣概。

所謂的教養，就是以某種型式附著在個人身上的行為，所以，更應在「偶像時代」中就將該型式深植於心才更收宏效。

相反地，正由於不了解道德上或人性方面真正意義的年齡，所以嚴厲的教養，才能以一種有形的形式牢附於個人身上。或許嚴格的教導，有時候也必須抬起手來狠狠地訓一頓，這時候，依母親在當時有沒有勇氣狠下心來基於愛心來處罰孩子，決定了日後孩子身上是否有良好的教養。

經常有不少母親耽心，如果在兩三歲的時候嚴格管教孩子，日後是否會留下不良的影響？當然，如果此時不能管教得定型，至四歲之後再更嚴格執行，那會使孩子對母親形成不信任感，不用說當然會有壞影響。

對「幼兒教育」付出極大關心的日本天皇夫人美智子，聽說從生下頭胎浩宮小太子時，即對自己的四個孩子管得極為嚴厲。當時的宮廷侍從濱尾實元，從浩宮一歲多開始，就擔任小太子的撫育工作，據說濱尾和美智子協議，如果浩宮做了什麼「壞事」，他也照樣可以舉起手來體罰太子。

事實上，在浩宮三歲左右以前，經常是被濱尾揍屁股打得霹吧響。儘管浩宮被

揍得嚎啕大哭，但是天皇及夫人絕不會當面問浩宮為何被揍，而是等到事過之後，才詢問浩宮被揍的理由。

但據浩宮本人長大之後表示，對於他小時候曾受過如此嚴格管教的事，絲毫沒有一點印象。身為皇后同時又是四個孩子的母親，管教孩子都如此的嚴厲，那麼，其他母親們是不是也應該學習美智子對於應該嚴格管教的時期就應該嚴格管教呢？

雙親每天責罵孩子，孩子可能會變成「被罵慣性」

從出生到兩三歲左右的嬰兒，對於吸收由外界而來的各方面刺激的敏感能力，超乎大人的想像之外，從許多的實例上可獲得證明，如果每天給予同樣地刺激，此種刺激即定著於頭腦中，變成一種「能力」。

最好的例證就是會說「國語的孩子」。長久以來，人們深信小孩會說「國語」是由於遺傳的天性使然，但實際上是因為從出生之後，孩子們每天接受著周圍大人們說國語的刺激之下，使他們終於也具有了說自己國家語言的能力。

愛斯基摩人的小孩，能夠在極地上生存，不外乎每天接受極寒冷的刺激，在生理上，已經變得足以忍耐嚴寒，正因為有這種能力所以才能生存。所以在書中一再的強調，在這種時期內應該給予嬰兒「良性的刺激」，其原因就在此。

從這層意義上著眼，相反的，可以說，如果在「偶像時代」中不斷給予嬰兒「不良的刺激」，同樣的也可以讓孩子擁有充分的「不良能力」。例如，假設母親是易發脾氣的人，每當嬰兒哭泣時即怒罵不停，這種叱責怒罵的刺激，即固定於孩子腦中，恐怕會致使孩子養成被罵也無動於衷的「能力」。母親唱荒腔走板的搖籃曲哄寶寶睡覺，孩子即養成了「音痴」的能力，在父親滿口髒話之下成長的嬰兒，當然也會養成輕視父親的能力。

在這種教養方式之下撫育的孩子，如不及時挽救，到了孩子快進幼稚園的年齡時，天下的母親們必定感到絕望：「這孩子無論怎麼罵都不聽，還是……」而想早日送到幼稚園去「教育」。被罵成慣性的孩子、音痴的孩子、輕視父親的孩子等，絕對不是與生俱來的遺傳所導致，我們說那是母親的教導方式使然，絕不為過。

父母看到孩子在「惹禍」，應立即制止孩子的危險或破壞行為，指出可能出現

的嚴重後果，但不可採用痛打的方式，否則，會使孩子與你結下怨恨或產生報復心理。

一旦起頭的方向錯誤，絕不可能準確而安全無誤地抵達目的地。相對的，即使發現偏差而意欲修正軌道，也會一天難似一天，希望天底下的母親都能在內心裏銘記著這件事。

「所謂能力，是對於生命中不斷反覆而來的刺激，毫不區別善、惡、美、醜，而在生命體上以能力所附著的東西。」這是日本的鈴木鎮一先生所說的「能力的法則」。早在五十多年前，鈴木先生早已熟知這個道理，他透過小提琴教育而想培養孩子們更優秀能力的努力，受到舉世的注目。他以自己的理想傾其畢生之力於「鈴木順序」的實踐。鈴木先生並曾應用反面的理論來說明其中的奧妙：

「每天任其在怒罵叱責之下成長，由於其所受的刺激日復一日，所以逐漸養成孩子能夠忍受叱責的耐力，以及被罵也無動於衷的能力，最後把孩子調教成具有強烈反抗能力的個性。如果為人父母親者不相信，我倒樂於奉勸各位在寶寶出生的兩、三年間實際做個臨床試驗好了。」

在嬰兒時期「過度」保護，將造就成沒鬥志的人

我們常說近年來的孩子沒有一點志氣，對於這項指控其來有自。例如，在一個秋高氣爽萬里無雲的星期日，某運動場上召開運動大會。整個儀式進行不到一個小時，但在這短短一小時內，聆聽演講的兒童們竟然陸續有許多人當場昏倒。

演講之後，舉辦由小學生五年級以下的童子軍參加的「踩汽球」比賽。這種比賽是把氣球繫於腳上，以踩破對手一隊汽球的多寡評定高下的遊戲，但是兩組小孩僅是排列在一起伊伊哇哇的叫喊，幾乎沒有一個孩子積極地衝入對方陣地想要把對方的氣球陣踩破。

連平日接受嚴格訓練的童子軍都這樣的猶豫不決，更遑論其他普通的孩童了。事實上，學校舉行的運動會上無法拼全力跑完五十公尺的學童比比皆是，我們也常聽到這些寶貝孩子們稍微跌倒就骨折、受傷，使醫護人員因此而忙得暈頭轉向。

當然不會吊雙槓、不會跳箱運動、不會爬竿、爬樹的學童更不足為怪了，一旦

老師們親自示範動作時，反而會惹來學童們的不快：「這種運動太危險了，還是不要做的好。」

到底為什麼在近年來會把孩子們造就成這麼沒有鬥志呢？像這樣的小孩子長大之後，是否有能力渡越社會上的驚濤駭浪呢？所謂的鬥志是指個人不願輸給他人的雄心氣魄，但在遂行自我的鬥志時，經常是伴隨著危險。

一開頭就避免與他人競爭，遭遇到具有危險性的事情就依賴父母親或兄弟的解決，這種心理不僅小孩子有，甚至已蔓延到年輕人的身上。最明顯的例子就是選擇職業。近年來年輕人就任於大公司或公務員時，不考慮工作性質，而是以嗜好和興趣來當做自己的生存目標，這種心理真不知如何來批評。

其實，幼兒期母親的教育態度，是造就成這種學童和年輕人的原因之一。理應嚴格教導的時期而不教導，把教養的責任委諸於幼稚園或學校，結果當然致使孩子變得懦弱而沒有上進心。如果從毫不抵抗嚴厲教導而樂於接受的年齡就開始過度保護嬰兒，日後無論對於什麼事都皆因「嬌生慣養」而不敢去面對它，這也是理所當然的。

依現狀而言，這種「嬌性慣養」的習性一旦進入幼稚園或學校之後，有越來越提高的現象。在學校稍受老師的指責時，雙親立即出面找校方理論，上體育課稍受點擦傷，又要找學校請求醫藥費，試想如此一來，小孩子們不是越發沒有自立心了嗎？

當然身負教育重任的老師，也會遭遇到不少困擾的問題，但至少對於孩子的教養、嚴厲和向危險挑戰的氣魄等，非以雙親之力絕無去遂行。而教導的時機錯過三歲之前就別無機會了。

俗云「過猶不及」，無論什麼事只要「過度」就不好，世上沒有比幼兒期中母親的過度溺愛更對孩子造成巨害的事。一旦孩子嬌生慣養之後，那麼，雙親對於自己可愛的孩子又必須更小心的呵護他們，於是惡性循環綿延不絕。其結果最痛苦的當然是被慣寵的孩子了。

如果替孩子的將來設想，那麼，在這種無論什麼刺激都能平靜接受的年齡時，雙親應嚴加教導。與其說過度保護是溺愛孩子，倒不如說那是雙親溺愛自己。

有些父母為了嚴格管教孩子，就對孩子反覆進行說教，其實是在不斷地給孩子

以相同的刺激，這就容易使孩子產生一種「心理惰性」。有人研究，凡具有「心理惰性」孩子的父母，在家庭教育中都存在一些通病，例如：批評孩子時，斥責聲調高而尖銳，語句反履而嘮叨；指責孩子時，不講清原因，孩子不知錯在那裏，孩子犯了一點小錯，父母就抓住不放，並將孩子以往的所有錯誤重新數落一次，引起孩子的反感和逆反情緒等。

為了矯正孩子的「心理惰性」，使孩子變乖，美國心理學家菲茨助・道奇森說：「當你看見孩子行為不良好時，你就應該加以稱贊、給他一個微笑、摟抱他一下或拍拍他的肩膀——用行動表示你認為他是個了不起的孩子。這樣做對於教養孩子行為規矩，有著令人意想不到的效果。」

三歲前樹立自信心，自然可以獨立生活

「會爬後期望會站，會站後期望會走路的天下父母心」，這句話是表現熱切期待孩子早日成長的父母心，如果從這句話來解釋對孩子的教育方針，我們可以說其

目的在於把「孩子撫育成能夠獨自行走」。換句話說，培養孩子的自立心是雙親最重大的責任之一，而培養孩子的自立心也建築於幼兒期的基礎上。

當孩子東倒西歪的開始學走路時，雙親為使孩子能夠多走幾步，因此伸出雙手等待著自己的寶寶能夠晃到自己跟前。就像這樣地，孩子從爬行進步到站立以及行走，因此，如果想促使孩子知性上及精神上的發達，必須有相同性的練習程序。

但由於現代母親們都認為嬰兒尚在一無所知的階段，所以都忽略了這項練習程序，活生生把好不容易築起的自立心之芽硬給折斷。

前節中所敘的過度呵護孩子即屬於其中一項，正因為大人們內心裏「還是小孩嘛，又何必……」的想法，所以極大地妨礙了孩子們建立自立心。如同本書再三地呼籲一般，惟其在能夠溫和地接受所有刺激的「偶像時代」中培植自立心，讓自立心以一種型式固定於內心裏，才能夠在日後放其自由時，以本身的力量走進人生的旅途上。

如果等到那柔軟的土壤變硬之後才試行播下獨立的種子，那顆「獨立之樹」絕不可能成長得直挺茁壯。特別是在智能的成長方面，雙親們誤認為「行走之後才站

立，站立之後才爬行」的相反程序者當不在少數。這個錯覺的延長，表現在所謂的教育媽媽，即入學典禮、就職典禮等，母親也如影隨形的服侍在左右的貼身媽媽的現象。因此，從這一點來看，現代的母親，最好能把自己的孩子當成像朋友分離那樣，使他們能夠以個體的獨立存在去生存。

最近社會上有所謂「拒絕入學」的怪現象，其原因或有不少，但有些例子真的是由於孩子上學後，母親害怕被一個人留在家裏，在這種恐懼感之下變成神經質而促成的。換句話說，並不是小孩厭惡上學，而是因為母親不願把自己的孩子放開，真正「拒絕入學」的原因即在此。

近年來「拒絕就業」、「拒絕結婚」的年輕人逐漸增多，或許也可能是因為母親不肯離開孩子所造成的！欲要斷絕父母子女間的呵護撒嬌關係，讓孩子能自立自強，好像是先樹立母親的自立心來得重要。嬰兒的自立心，只有在幼兒期內雙親忍痛割愛才有辦法養成。

在現代社會中，一個人有強烈的自信心，相信自己有能力迎接各種挑戰時，他才有可能戰勝各種困難，而取得勝利。為此，父母要善於早期發現孩子的天資和才

能，從小就培養他具有克服困難的毅力，抱有成功的信心。

嬰兒不會說話但卻聆聽大人交談

我們知道，人類的嬰兒和小黑猩猩相比較，從一出生到三歲左右，黑猩猩的智商指數遠超過人類的嬰兒。其後人類嬰兒以急遽的速度超越黑猩猩的指數，其中最大的關鍵在於人類能夠以「會話」互相表達意思。

我們明瞭黑猩猩同時也有二十幾種最少必要的語言，但人類卻以黑猩猩無法比擬的語言數目，在極短的期間內刺激頭腦並蓄積於腦中，在提高人類智商指數方面，言語的巨大貢獻功不可沒。

如觀察那些處於原始生活狀態之中的未開化民族時，可以發現和文明人相較之下，未開化民族的會話語數極端稀少。我們有需要再認識一點，那就是會話在使嬰兒腦部發展過程中的功效是無可比擬的。

提到會話這件事，首先在我們腦海裏浮現的景象就如同棒球選手的投球與接球

一般。那麼，和嬰兒之間的會話，如果單以隻字片語為始，是否可以讓孩子順暢地說話呢？這是完全不可能的。許多專門學者早已指出，嬰兒在尚未能夠順利以語言表達之前，雙親日常的對話言談對嬰兒有極重大的影響。

關於這件事實，嬰兒雖然自己還不會話，但是嬰兒們仍無時無刻地在聆聽大人們的交談，而且大人們言談的某些內容，他們已有相當程度的理解力。因此，就算嬰兒心無旁鶩地吸乳中，或全心貫注於嬉戲時，也絕不會把耳朵塞住，而是以令人驚異的吸收能力把大人們的會話深印於腦海中。

不久之前，瑞士的某雜誌曾針對這一點，提出許多相當適切的忠告，我們不妨來看看其中的幾條：

・不要認為嬰兒不了解語言的意義而輕視他們。幼兒驚人的記憶力會把那些言詞積存至他們能夠理解為止。

・亂用無聊的流行語或下流的語言表達，會養成孩子對國語正確品格的遲鈍感。

・絕對不可嚴厲地批評他人。特別是小孩子應當尊敬的人物，例如絕對嚴禁指

責老師。

• 不可說近親的壞話。
• 不要在孩子面前對他人數說孩子的缺點。
• 不要說謊。幼小純淨的感受性無法區別真偽。
• 避免提及致使孩子不安恐怖的話語。

如同上面的數項忠告一般，大人的言談對小孩影響很大，即使大人相互間輕鬆的閒聊，也能給予孩子極重大的影響。在對於言詞方面等於白紙狀態的孩子面前，日常的言談更應該萬分的留心。

孩子從專心致志的父母親接受良好的影響

如果我們請教那些培養出好幾個相當有成就的孩子的雙親們，或者目前在各階層中執牛耳人士的父母時，很意外的可以發現，許多身為父母親者並沒有接受過特別的教育，也沒有特別處心積慮地教育孩子。

古代和現代生活水準的程度和教育的普及截然不同，因此，我們無法做單純性的比較，但從前大部分的人都專心致志於工作或糊口，所以，大多沒有辦法特地去為孩子們的教育問題設想。但當和那些人士深談之後，經常感觸良多的是，正由於沒有特別去教育子女，才是合於教育的原則，而教育就存在於不教育之中。

例如，郭女士的父親，是政治家的第二個兒子，雖然患有氣喘病，但卻獻身為牧師，從事艱辛的傳教工作。這樣一位獻身似的父親在吃飯的時候，每個家人都只分配半個煮蛋，過著極度節儉的生活，但是只要有任何人無法生活而來求助時，他父親即到母親面前喊了一聲：「五十元。」然後就伸手向母親要錢，母親也一言不發的如數交出五十元，他們的生活幾乎就在克勤克儉但慷慨助人的日子中渡過。

五十多年前的五十元可不是一筆小數目，可能已遠超過一家人一個月的生活費了。我們可以想像得到，郭女士的雙親當時是多麼辛勤勞苦的支撐著家計。

郭女士就在耳濡目染這種環境狀況下成長，在她幼小的心靈裏雖不能完全理解其中的道理，但等到她日後長大，遭遇任何棘手的難題時，當年父母親辛勞的影像必能給她偉大的鼓勵力量。因此，不難想像郭女士能夠奉獻自己的終生在教會的工

作和現在的工作，或許就是當年目睹父母親勤儉持家，又慷慨助人的態度所賜的強烈力量。

如果說這不是真正的教育，那麼，什麼才是真正的教育。即使不花巨額款項，委諸教育專家之手接受充實的教育，但像本節中的例子，雙親那種專心致志的精神和行為，無論對多少的孩子都能給予極優異的影響。

其他類似郭女士的偉大身教實例，真是不勝枚舉。同時更不僅止於著名的人物，即使那些名不見經傳的市井小民的父母親們也同樣，在艱辛的困難時局裏經過專心致志地求生存過程中，留給孩子們最寶貴的教訓和表現真正生存的意義。這些默默耕耘的偉大「教育家」當不在少數。

當然，在現代的雙親大人們之中，必也有許多這種令人敬佩的人物。如果雙親們每天光追求安全、安逸和享樂的物質生活，對於孩子的身教而言，絕不會給予他們終身感動的偉大人格號召的力量。

孩子的個性常表現在他們的愛好上，如有的孩子愛拆玩具，有的孩子愛看繪畫等，這些都是孩子的個性反映。對什麼都毫無興趣，一點兒個性也沒有的孩子幾乎

是不存在的。問題的關鍵，就是有些父母不積極地發現孩子的個性。

父母發現了孩子的個性反映後，就要積極促使發展，千萬不能傷害孩子的自尊心，扼殺孩子的個性發展。許多事例說明，在事業上有成就的人，在孩提時期就對某種事物有著濃厚的興趣，他們的興趣又總是受到愛護和鼓勵。孩子對某一方面的興趣，將會非常可能成為他們未來所從事的事業，並成為他們取得成就的起點。因此，父母一旦發現了孩子的興趣，就要鼓勵，促使其不斷發展。

雙親的「背影」是孩子最優秀的教材

美國記者安尼・羅克指出：「教好孩子的關鍵是父母的態度，而不是孩子的聰敏。父母的態度正確與否，對能否教育好孩子起著關鍵性的作用。」

新聞報導中經常出現的不良少年，或送交少年感化院輔導的問題少年們的父母親，時常非常傷心而無助地懊惱：「平常我就苦口婆心的訓誡他不要過於偏激，誤入歧途……。」自己的幼兒不能體諒父母的苦心，而踏進父母能力所不能挽救的境

地的悲痛，除了身為父母親以外，大概任何人都不能理解那種慘痛的心情！或許那些問題青少年的雙親們，在無法言盡的痛楚之中，也想盡千方百計意欲挽回愛兒失散的心。當然這裏面，必定也曾發生過他人所無法想像的重大內情。

但每當聽到那些父母親訴苦時，不禁想問問，在孩子小的時候他們是怎樣跟孩子生活的？或說不定，他們已忘卻了「子女學習雙親的背影而成長」這句話。當然需要「苦口婆心地規勸」或「時常訓誡」的時候也有。

但一般而言，孩子們觀察雙親的「背影」比雙親面對面的訓誡更來得有效果。因為在孩子面前訓話的雙親姿態，於孩子眼中看來，是喜歡說教的「教育家」姿態，是「權力者」的姿態，也是「命令者」的姿態，絕不是一個「人」的姿態。

相反的，「背影」的自然姿態，並不會讓孩子們強烈地意識到那是代表著「教育」的手段，也非權力者或命令者，而是平平凡凡的一個普通「人」的姿態而已。因為這個姿態深知人間的喜、怒、哀、樂，是一個完全「活生生的人」。

換句話說，所謂雙親的「背影」，是反映雙親所有的生存方式，亦即雙親生存的態度。只有背影才是孩子們能夠自由的以自己的眼光去觀察，而不用委諸任何形

式的真實面目。孩子們就在眼觀雙親毫不矯飾，也毫無氣焰的原本實在面目之中逐漸成長。當然這也是說，雙親不留神之間，孩子不知道已在什麼時候悄悄地凝視著雙親的一舉一動。

因此，就算雙親在面對面時，矯飾得多麼偉大或不凡，但如果在「背影」上表現出含糊而不負責的生活方式，孩子們大概也無法從內心去尊敬這樣的雙親。

雙親生活態度懶散失責，光教訓自己的孩子要勤奮努力，這是無論如何也辦不到的。所以說，身為父母親，需要每天過著嚴謹規律的生活，至少無論何時被孩子看到「背影」也不會可恥的程度。在神佛面前合掌祈福的雙親「背影」，勤奮工作到深夜的雙親「背影」，站在孩子面前「庇護」孩子的雙親「背影」，這些背影都是人世間最感人也最美麗的形象，也將永遠的烙印在孩子的心坎中。

母親恐懼的事物孩子也同樣恐懼

有位懼高症頗為嚴重的母親，就是站在三、四層公寓往下看，也會覺得雙腿發

軟，頭暈目眩，所以，這位太太婚後也不敢住於高層公寓內，而甘願忍受極大的不便，寧可移居於遠離市中心的郊外，居住於平房式的住宅區內。

不久，三個女兒相繼出世，但大女兒幾乎是母親懼高症的翻版，根本不敢爬樓梯或玩滑梯。

後來母親似乎也感到自己的責任問題，於是開始想矯正孩子，帶她們去遠足、郊遊，但據說碰到吊橋還是不敢走過去，母女緊抓住吊橋的繩索發抖，舉步維艱，進退維谷而已。

她自認為大女兒的這種個性或許是遺傳的關係也說不定，所以二女兒出生時，她盡量不讓二女兒看到自己懼高症的窘態，拼命地帶她到高處去行走。大概這種辦法奏效，二女兒完全沒有懼高的傾向。

從這一事件的結果來看，我們可以說，大女兒看到母親對於高處恐懼的神情，所以相對地也和母親同樣懼怕高的地方，如果看到母親不敢走過吊橋而站在橋邊發抖，無論多堅強的孩子，都會深信原來高的地方竟然是這麼可怕的地方。

我們知道，母親對食物的好惡習慣會遺傳給孩子，因此，同樣地，孩子也懼怕

母親懼怕的事，更能感受到母親喜歡的事且加以喜歡。

恐懼是人類面對危險時最原始的反應之一。人在生命的最初幾年裡，除了表現出強烈的好奇心外，還有一種恐懼感。因此，教會孩子正確面對恐懼，幫助他們戰勝恐懼，就能夠幫助他們增強自信心。

美國的巴金斯先生呼籲教導產後四個星期的嬰兒游泳，而成為討論的熱門話題，他最重要的目標在於消除母親的恐懼感而非嬰兒。

因為嬰兒本身並不具有任何恐懼「水」的經驗，而是由母親的不安引發的恐懼傳染給嬰兒而已。

為了要無限地擴展孩子的秉賦，身為母親的卻擔任煞車的角色，那豈不是太令人遺憾了嗎？因此，為人母者首先要有絕對的勇氣，打破自我的一切枷鎖，才能使孩子拓展更廣泛的天賦。

當孩子產生恐懼心理時，父母不能嘲笑譏諷他們，應該設身處地的理解孩子們的恐懼心理，並客觀地做出解釋。

在特殊情況下，也可找專家，尋求他們的協助。

母親的習慣會害了孩子

第一胎的寶寶出生時當然不用說，就是好幾胎以後的寶寶，剛出生不久，每天幾乎都是新鮮狀況的連續，所以，身為人母者的撫育態度上也充滿著新鮮感。喝奶量的變化、睡眠時間的變化、大小便的變化，臉色、哭聲的變化等，無一不是在述說著寶寶日復一日的生長過程。身為母親的，當然會感覺到生活得非常有意義。

但是經過三個月或半年、一年的期間之後，當然再也不會出現類似剛出生後的千變萬化，寶寶成長率的曲線也隨著成長度而漸趨平緩。因此，母親對嬰兒的觀點也隨之而產生了習慣性。當然不僅對嬰兒如此，人類對任何事物的習慣也如此，人類對於極度微小變化的反應相當遲鈍，即使在總計上有相當急遽的變化，但人類的發覺能力仍然頗為遲緩，這在心理學上也已獲得證實。

因此，父母親雖不察覺，但一年難得來訪一兩次的客人，卻驚訝地發現孩子和從前顯著地不同，這豈不是令人啼笑皆非嗎？

有位教授就此而寫下他的心得：

「父母眼中像這樣對孩子的慣性，絕對不是一件值得高興的事。為什麼？因為如果慣於孩子每天成長的身心變化，則會錯漏孩子自己本身所產生的各方面創造性。就算孩子所說的隻字片言也有無限的新鮮感，也有不少孩子眼見大自然而驚嘆造物者的神奇。從孩子的各種態度裏，雙親和孩子之間能產生極微妙的共感性。像這樣的情感、語言、態度等，都是孩子在生活經驗上從來未有的新鮮事物。慣性卻消除這些奇特成長蹤跡，同時阻塞了雙親的眼睛。」

就如同教授所說的，即使變化幅度平緩，但只要我們稍凝神注視，仍可看出孩子日常生活中幾乎每一刻都在不停地變化。只要注意地觀察，經常可隨時有更新的發現，其每一個表現就是孩子成長的記號。而母親能否適切地對應孩子的那些變化，左右了孩子日後的成長。

據研究，嬰幼兒的行為發展規律是：六～十八個月的孩子，多數忽視對方的活動，喜歡自己玩玩具；十九～二十四個月的孩子，希望與小伙伴一起玩，在不滿時，就出現攻擊行為；十三～二十四個月的孩子，對模式識別能力最強，語言發展

處於學生階段，有非常強的吸取各種刺激的能力。

如果孩子對某些新事物表現極大的興趣，或孩子有辦法做成某件事時，身為母親者，如果不適時承認孩子的能力，表現出感動的態度，那麼，孩子必定會認為自己當個孩子實在沒有任何意義。對撫養孩子抱著信心而且能夠冷靜沈著最佳，但如果變成慣性而毫無感覺的母親，這種母親確實是孩子成長的最大絆腳石。

如果諸位不想成為這麼一個遲鈍的母親，應當經常回憶數個月以前孩子當時是怎樣的狀況？而經過這段時間後和現在相比較又是變成怎麼樣了？這些都是相當重要的。

雙親應清楚分配教養孩子的任務

現代社會的父母所扮演的角色，跟從前已經不同了，以前強調「養育」之恩，對「教」方面不太重視。現在則應重視「教」，尤其是身教方面，因為父母的言行舉止，真正是子女模仿的對象。

就像新生命的誕生，是父母親兩個人的共同作業之下所產生的一樣，對於新生幼兒的教育，也需在父親和母親的共同協助之下分配任務去實施。但縱觀目前的趨勢，這種本應共同協助分擔的工作，卻屢見稍有張冠李戴之嫌。

當然，和某段時期相較之下，現代世上的雙親大人們，對幼兒教育的關心程度明顯地提高。認為教育子女是女人的職務而放任孩子不管的父親們，的確是越來越少見了。當然自認自己也是教育孩子們的一員，這件事非常令人欣慰，但是，萬一誤認為父親只是純粹代替母親工作的暫時「換班」人員，那就糟糕了。

例如許多的年輕母親之中，一定有不少人夢想著能夠和丈夫交換進行換尿布、泡牛奶、餵牛奶的工作，而自己能偷得浮生半日閒，夫婦兩人共同協力，享受育兒樂趣。實際上，尚未習慣的初為人母者來說，在現階段的工商業社會的小家庭而言，的確不少地方需要丈夫的幫忙。但像這樣父親代替母親的任務而協助育兒工作，不是有點牛頭不對馬嘴嗎？

父母親在育兒方面的協助，必須在雙方極巧妙配合之下，才有可能成功。所謂絕妙配合，就是相互之間各自擔任自己所必須做的任務。母親具有非母親無法進行的重要工作，如果以父親代替母親做那種工作，不但過於勉強，同時也不會有任何效果，等於白費精神。

同時，父親也擁有非父親則無法遂行的任務，如果永遠把父親當成孩子不聽話時擺出來嚇阻的「道具」，父親同樣也會因此而被孩子所輕視。

特別是在嬰兒頭腦線路組織最急遽的三歲之前，母親和孩子的接觸更是絕對不可以委諸他人代行。而身為父親者，為使母親能夠成功地遂行勝任育兒的重要使命，也應該永遠從母親背後給予精神上以及物質的支援，當做母親的背後支柱永遠衷心的協助她。

從與各界一流學者、專家相談之中，令人覺得最感動的是，許多無論人格方面或工作業績上自成一家的頂尖人士，其幼年時代父母親的責任分擔工作，具有相當重要的意義。

《父親群像》一書中，有關於父親和育兒方面曾說過這麼一句話：「協助但是不要干涉」，世上偉大的父親當中，或多或少都可以看到這種心理準備。

某實業家的董事長無論他多麼地忙碌，晚餐時間都盡量回家和家人共同進食，一家人談話聊天，或者鉅細無遺的聽取母親有關孩子日常生活動態的報告。據說董事長只聽而不插嘴，但是一旦聽到孩子懶散不努力或不守規矩時，必定大發雷霆地教訓孩子們，絕不客氣。可以說母親平常並不把教養的事委諸於父親，而僅在最緊要的關頭讓父親去處理。在這種絕妙的配合之下教養長大的孩子們，在數年之後，能夠各成一方之長也是理所當然的。

「養不教，父之過。」說明父親在教育兒女上負有更大的責任。某學者就指出幼兒教育的重要性，特別是關於幼兒教育方面母親的使命，以及父親的責任分擔都有獨到的見解：「十歲以下的男、女孩都應由母親教導，其後則應由父親代替。」

育兒當然要由父母共同擔當，但希望各位絕不要誤解協助的真正意義，最好在適切情況下共同擔負起各自的責任。

失卻權威的母親養成自私自利的孩子

美國心理學家鮑林德的研究發現，三種不同的管教方式產生三種不同後果，即

「權威型」父母，可能使孩子養成心懷不滿、萎縮內向和不信任人；「威信型」父母，可能使孩子養成自恃自立、自我節制、識理知足；「寬縱型」父母，可能使孩子養成最不善於自恃自立，對世界最缺乏好奇心，最不敢冒險。

母親的生活以幼兒教育為目的，當然不得不以孩子為生活的中心，但這個時候希望注意的是，千萬不要喪失身為母親的權威。認為孩子最重要，而且特別在幼兒期教育期間最容易陷入困境的媽媽，就在於對孩子的無條件投降。對於原本只顧自我中心以外，無法考慮到其他事物的孩子而言，如果母親過於採取孩子中心的態度，最後大多變成自私自利的孩子。

從事幼兒教育並身任幼稚園園長近十年的西班牙幼兒教育家安東尼高布斯先生，認為最近年輕一輩很少考慮他人，而以自我為中心的自私性格的原因之一，在於幼兒期間母親的教育態度問題導致的。

特別是熱心於教育的母親們，不知為什麼，卻對孩子們過度地關懷。例如家中客人來訪，以致於遲到數分鐘才趕至幼稚園接孩子回家。當然孩子在幼稚園內以不安的神情等著母親來到，奇怪的是許多母親在這種情況下見到自己的孩子後，卻像

對待他人那樣不斷地抱歉和說明一大堆理由：「對不起，都是媽媽不對，真是非常的對不起。」

這樣的母親培育出來的孩子，一旦有什麼事稍不如意，即養成自私的性格，認為都是父母親不對、大人不對，以及他人不對等思想。

從小就養成為人的一切規矩法度的孩子，長大之後無論遇到任何重大的問題，必定會成為具有強烈責任感及能夠為他人設想的正直人士，這種孩子的母親，幾乎毫無例外的在孩子面前有無上的權威性。

這位園長認為「母親必須更威嚴，在家庭中也要培養出母親較孩子更偉大的氣氛」是絕對必要的。歐洲人認為小孩子是神親手委託父母親施予教育重任，身負這麼重大使命的母親，當然以神的代理人必須要有絕對的威嚴和權威。

台灣並沒有此種宗教性的觀念，但是，只要涉及幼兒教育，母親所被要求的工作仍是接近於「神的代理人」也永遠不變。

只要內心裏能夠這麼想，那麼，也絕對能夠在孩子面前保持堂堂的自信心和神聖的權威性。

在非教育爸爸跟前無法培養孩子的社會性

在幼兒教育上，必須父母親雙方的協調，以及父母親雙方共同分配權責施教。時常被人們等閒視之的父親任務，到底對孩子日後的成長有什麼樣的影響呢？只要是吸吮母乳、換尿布就能生長的話，孩子就是由母親養大的，因此有人常說：「就算沒有父親，孩子也能長大。」在肉體上或生理上這句話的確沒有錯。身為生物的人類，在母親手中完成動物性的育兒方法，所以沒有母親是絕對無法完成。父親的存在特別重要的地方，在於孩子成長之後，也就是在於精神上及社會上的教育。

事實上，猿猴的社會現象相當有趣，牠們雖有首領但卻沒有所謂的「父親」。當然，在交配種必須要由雄猴和雌猴共同作業，但我們並無從知道那隻雄猴是小猴的父親，即使知道，但猴子父親並不像人類一樣，從事找尋食物或守護嬰兒的特定工作。

有位教授認為，動物社會中並沒有像人類社會裏代表父親地位的角色，明顯地

只有人類集團為了謀求更佳的集團生活方式，才有了家庭的創造，也因此才有了父親的存在。

因此，可以說人類和動物之間的極大差異之一，就在於人類有父親的存在。只要是身為人類，無論是多麼未開化的原始人類，當然這些原始人類之中，也有些根本不具任何類似我們現代人的家庭組織，但是即使是這樣地未開化民族而言，僅有父親和母親的角色是絕對存在而不可動搖的。

母親和孩子之間的聯繫關係，無論在於哪種動物，或任何人的眼中，都是一目了然，也是明確的存在，但是像人類這種父親的存在，必須要有社會性的組織或者制度，也就是說必定要基於某種規則之上，才有可能出現。

換句話說，所謂的父親，是在家庭顯示「社會」的個體存在，同時也是表現動物性的母子關係結合中所沒有的「制度」或「規矩」的人。從這方面加以思考，父親在家庭教育中所存在的意義也更加明確。

也就是說，基於父親教導孩子的工作上，使孩子在不知不覺之間，慢慢地習得了父親所擁有的「社會」或「制度」等人類集團中的規矩法則。如果父親對孩子的

教育毫不關心，變成了「非教育爸爸」，即使母親如何地孤軍奮鬥，在培養孩子「社會性」的過程中，必定會有某方面的偏差，這是任何人所不能否定的。

有教子之道說：「重要的不是父親對孩子的期望，而是孩子對父親的期望。」這已說明父親在教育兒女之時，身教更重於言教。一項研究結果也證明，父親的教育行為對兒女的影響最大。

讓孩子成功以期望報恩養老的教育無法成功

最近過於激烈的升學競爭，以及補習班的畸型發展，正遭受各方面嚴厲的非難，同時關於幼兒教育方面，也有許多人深信那仍舊是英才教育的升學教育之準備起點而已。

幼兒教育是為要創造更優秀的人品及更具秉賦能力的人類基礎教育，絕不是往名門學校的升學教育中站，相信許多人都明白其中的道理，但目前有關幼兒教育卻仍有如許的批評和議論不絕，這或許是由於現代熱心於幼兒教育的雙親們，內心裏

有股強烈的慾望驅使他們，強迫孩子們，硬把幼兒教育當做擠身名門大學，或進身一流公司的人生「預定票」，並強迫孩子們接受此一觀念。

這麼說，或許雙親們又會不以為然地反駁：「但是我們之所以這麼做，也純粹是為孩子著想！身為父母親也不得不如此。」在此處，常深以為意的是「為孩子著想」這一句話。當然，誰不望子成龍成鳳，以孩子的成就為榮，但是天下父母心不辭辛勞地拼命引導孩子走向特定的人生軌道，其終究的目的難道果真是「純粹為孩子著想」而已嗎？

說不定有時候或可發覺，在「純粹為孩子著想」的冠冕堂皇面具之後，卻交織著雙親複雜的心理期待，其最後的結果，是要孩子實現雙親自己所無法實現的夢想，換言之，孩子成為雙親實現夢想的代理人。

極端地說，雙親設法使孩子功成名就，並意欲在此恩惠下享受自己老後的榮華富貴的思想，正在雙親內心深處蠕動著。話雖然如此說，但絕不是奉勸或提醒各位要有傳統的道義觀或無知的獻身。像這樣的計劃擬定，終究會和雙親原先的企圖背道而馳。

為什麼呢?大部分造就孩子成功，並期望孩子報恩的雙親，大多具有某種固定性的「成功」的形象。其中最陳腐的要算走出名門大學，進入一流大公司的「預定票」，但是大部分的成功，並不單靠「預定票」就能夠無條件的從天上掉下來。換句話說，幾乎大多數的成功，且日後能夠讓雙親安養天年的「好孩子」成長，並不是依父母期望的形象前進，而是依孩子本身希望去走的道路而後獲得勝利。由孩子自動自發由各個領域去努力，並根據自己的實力奠下基礎，這樣孩子們才能感覺到他們所做的事，是自我的一大生存目標，但對父母親而言，那並不是卓越的生存目標。

所謂孩子報答父母親的養育之恩，在孩子自發奮鬥之下，自然而然地頓悟父母的偉大而思反哺之恩，如果一開頭就硬性立下目標讓孩子勉強接受，剝奪了孩子往前發展的各種可能性，當然更不可能期望孩子有所做為，或報答養育之恩了。

美國耶魯大學的紀格勒教授警告說：「要父母完全放任孩子固然不對，但叫父母拼命把平凡的孩子變成天才，對孩子也是很大的傷害。」父母不僅要撫養孩子，更要教育好孩子。但是，父母教養孩子時，既要重視培養，又要避免訓練萬能論。

禁止比教導更能使嬰兒確立基石

猿猴寶寶在剛出生後的那一段期間內，仍處於所謂的特權階級階段，即使稍微做錯事也不會被叱責，可說放縱牠們自由行動。一方面也因為產後四、五個月以內尚僅止於哺乳階段，事實上小猿也不可能闖下什麼大錯。但經過五、六個月之後，小猿逐漸能獨立行動，也可靠自己的力量做許許多多的事。一到這段時期，母猿或領袖猿即開始經常規戒小猿。在不受傷的程度內毆打小猿，或惡形惡狀的狂吠，訓戒小猿遵守全體的秩序和規矩。

仔細地觀察這種教育法，可發現完全是根據禁止行動來教導。由於猿猴無法提出典範或應這樣做，或積極性地教育小猿應怎麼做才是好事，所以，就應用經常明察秋毫地留意小猿行動的方式，小猿一有踰軌的行動則予以痛責。如附近有危險的東西潛伏時，母猿則緊抓住小猿的一隻腳，或置於母猿手足可及的範圍之內，令小猿在其中自由行動，隨著小猿的成長，再逐漸放寬活動範圍。無論那隻母猿，只要能夠恪遵這些原則的小猿，就把牠當做成人看待。

如以人類的小孩的教養和小猿比較，或許可以說人類小孩的教養顯得過於輕率，嬰兒兩、三歲左右的教養方式，應當採取和猿猴同樣的方法。乳兒從來只能在「母親」的巨大球體內活動而已，但兩歲左右的嬰兒正是嘗試以自己的雙腿稍往球體外探測的時期。而且也正是母親說：「這樣做……」他們回答「不要」，開始自我主張的時候。這種時期裏的教養訣竅，應當是讓孩子在母親身旁旋轉，但不讓他們踰越一定距離以上的方法為最佳。

這樣的母子關係，和我們剛提及的猿猴母子關係不正是相當地近似嗎？當然我們並非特地效法於猿猴的教育典範，但也有不少母親們卻實在沒有辦法保持一定的距離，並讓孩子在此一定距離內自由行動。因為一旦孩子稍獨自踏出一步她們就緊張不安，不是立刻抓回到巨球內，就是任其逐漸往外過度地發展，結果致使孩子沒有教養也沒有規矩。

應付已有自我意識存在的孩子，我們是否應學習猿猴的方式，任由他們隨心所欲地去發展，只在遇到做錯事時才加以制止或叱責，這樣來得有效呢？而且兩歲左

右的孩子尚未理解事理，你要指揮他們應往這邊或應往那邊，他們也不知其所以然，所以與其教導，倒不如應用禁止的方式更能確立基礎。

父母對孩子的教育要有一貫性，不能被任何事情所動搖。如果父母在教育上允許有例外，就會助長孩子的任性。父母對孩子的任性，不能因孩子的央求而讓步，否則就會使教育前功盡棄。

母親的任務在於從無限刺激中選擇最佳者

應盡可能早期內廣泛地對幼兒的頭腦給予各種刺激，以拓展孩子的才能，近數年以來，這種理論，已獲得各方面相當廣大的認同，當然對早期、多方面刺激的論點，也有不少人持強硬的相反論調。例如，其中反駁最激烈的該是同時讓幼兒學習兩國或三國語言，將會導致幼兒頭腦的混亂等。也有人認為，這樣做會變成刺激過剩，只有百害而無一益。

關於反對人士的這些理論，透過許多著名的腦生理學或心理學家的意見，以及

求賜可供參考的資料，但直到目前為止，實際上並沒有任何案例可以實證反對者的理論基礎。相反的，證明這理論的案例，例如，盡早給予適當的刺激以發現自己的才能，能夠活潑地擁有主體性、快樂地生活的孩子卻不勝枚舉。

目前的社會上，有許許多多的孩子從幼小就開始學習英文，但卻從來沒聽說過有任何一個孩子因刺激過剩而引起頭腦的混亂，導致不會說國語或國語程度一塌糊塗的例子。腦生理學權威的教授說，從腦生理學的立場來看，姑且不論對腦的刺激有多大或多小，人類本來就是一個經常接受由外界而來的無限刺激的存在，對幼兒而言仍然沒有兩樣。

換句話說，不管大人是否給予刺激，孩子本身仍然經常從自己周圍接受著無限的刺激。如果說會過剩，那麼，所有的刺激應該完全無法接受，如果不會過剩，那麼，所有的刺激即能夠由純白紙似的頭腦所接受吸收。當然，問題最重要的癥結在於，這些刺激是以原本的真面目放置於腦內，或者是經過選擇分析之後才讓孩子吸收融化。

簡單地說，如放任電視經常開著讓孩子觀賞，則無論什麼樣的節目都會被幼兒

吸收。因此，我們理應選擇電視節目，給予電視節目以外的更良質刺激，這才是有關於刺激多少的問題。如若果真有所謂的刺激過剩的弊害，那麼，孩子一置於現代輝煌科技文明之中的那一瞬間，就可使孩子陷於刺激過剩的苦海。

當然，我們所謂的刺激並不是指生理上或物理上無邊無際地反覆刺激，所提及的是對幼兒頭腦的刺激，而且這種刺激是孩子所能夠選擇接受的東西。不用說孩子所討厭的事物，他們絕不會予以接受、吸收。身為人母，對於所有的刺激應站在選擇的立場上，選取良性的刺激，可能的範圍內，更應選取最上乘的刺激施予孩子。

今天，孩子所面臨的是一個迅速變化的世界，需要許多新知識和新技能才能應付。因此，父母應該鼓勵孩子的好奇心，培養孩子的創造力，幫助孩子建立學習和工作習慣的恆心。

育兒教育沒有教科書

相信只要一說出這句話，必定會有不少人提出質問。那就是「具體上來說，何

時應教導何物，或教予什麼樣的東西較好，請指示我們正確的途徑」。事實上，幼兒教育的老師們遵循某種計劃，逐次教導孩子，也針對幼兒教育方法的可能性提出各種方案。但無論何者都無法給本問題十分充分的解答。或許正由於沒有辦法解答，才會有這些質問也不一定，如果出現了滿足上述質問的解答，那也用不著苦口婆心地規勸世人，或者寫出這一本書來了。

關於何時應給予幼兒何種刺激的論點，由於一般先入為主的觀念使然，大家都深信幼兒還小，最好讓他們聽聽童謠、學習字劃最簡單的國字或發音就行。但雖如此，社會大眾仍不斷地尋求幼兒教育方面的教科書或其他的質問，這也是人們把幼兒教育當做學校教育的形態去想像，而依賴於一定的教科書，一定典範的陳腐觀念太過於固定及強烈所促成的。

就學校教育方面而言，或許的確必要具備內容豐富的教材來應用於教學上，但幼兒教育，並不是硬要把知識強塞入幼兒的頭腦上，而是偶爾讓孩子聽聽不受童謠格式侷限的真正音樂，或偶爾讓孩子經驗不受既定觀念所拘束的文字或語學的訓練等，透過這些方法，刺激孩子的頭腦邁往更大可能性的方向，也使得孩子腦細胞之

中的組合，在數年之後，變得足夠接受各方面大量智能的可能性。

為達到此目標和開始的基礎，當然教科書是有害無益的存在。第一，因為制定劃一的基準，會限制了各方面有形無形的有趣刺激。第二，選擇對自己孩子的各種形態刺激，除卻母親之外無人足以勝任，如果出現教科書，就等於是將教養大計委諸他人之手。

各位母親們，所謂幼兒教育上，只有妳自己本身才是最標準的「教科書」。這是想告訴天下母親們的一句話。天底下如果有各色各樣的母親，這些不同性格的母親人數即是教科書的數目，假若各樣的母親造就相同的孩子，那麼，不論對於全人類或對於微小的個人而言，都不會是幸運的。

父母教育幼兒必須有一個穩定的心理狀態。這樣，在一般情況下，能夠理智地克制自己的情緒，理智地處理孩子問題。為人父母，最起碼應該學會如何控制自己的情緒。放棄「權威」手段，才能心平氣和地執行教誨任務。

第二章

創造能讓孩子發展能力的環境

——應如何發掘孩子的能力

兄姊比雙親擁有更大的影響力

某研究會曾從一千位懷孕八個月的準媽媽中，選出十五個人充當「母親研究員」。要求她們如果贊成關於教育孩子方面的理論，利用身為母親應做的責任或方法，在現實中使用此理論配合於日常的育兒工作上，以試其結果究竟如何。

不久之後，這些母親們提出的都與原先的理論毫無二致的報告，可以說她們的報告就是本書內所說的各項論點的最佳證據。

那些報告中所充滿著的最新發現，的確令人相當感動，也曾和數位母親研究員交談，從那次的談話中，又發現一件更令人目瞪口呆的大事。那就是兄姊所扮演的角色在幼兒期的重要性，特別是第一個孩子教育方式的良否，對於以後的弟妹而言，在某種意義上，具有比雙親更大的影響力。

某位母親在長女出生後，聚精會神地付出全部的精力，嚴格地教導她端莊賢淑，意外地，其餘數個孩子的教養卻非常輕鬆愉快。例如，大家一塊兒遊玩嬉戲回

來時，大姊即仔細地照顧叮嚀弟妹們：「來，大家一起來洗手，要照順序來哦！」洗手之後，又吩咐弟妹們端端正正地坐在桌前吃點心，並詢問弟妹們：「要不要再到外面去玩玩。」完全領導著弟妹們的日常行動。

另外有位母親，自己根本用不著親身命令小弟妹們做這個或做那個，所有的事情都由大孩子有條不紊地帶領著弟妹們進行，不但不用每天心煩，而且還因為在大孩子的領導作用之下，使弟妹們無論在音樂方面或其他方面都以較大孩子更快的速度學習和吸收。

這些母親們完全異口同聲強調孩子們之間影響力的巨大性，她們一致承認，只要把大孩子教養成優秀的好孩子，以下的孩子們用不著耗費心思，就可自然而然學習大孩子的榜樣。

向來的幼兒教育方法對於這所採取的態度又如何呢？如同俗語所云「頭胎疼入骨」一般，第一個孩子出生後，必定備受父母親及祖父母的寵愛於一身，因此，特別備受溺愛和照顧。而有不少人因為第一個孩子長大後，方才發覺過於溺愛的不良後果，在失敗之下更為嚴厲地開始教導以下的孩子。當然，父母親們都會認為至少

這樣一來，以下的孩子們也可以獲得正常的教養和禮儀，但相信不少人意外地發現情況卻非常的艱難。

另一方面，以下的孩子眼見老大所受到的特別待遇，也會感到不公平，因此導致於精神不平衡或乖僻、彆扭等特異性格。

小弟妹想管理大哥大姊必是相當困難，相反地，大孩子指導或監督弟妹卻是極為自然的排行，同時也能使大孩子身具責任心。

母親研究員們的這些臨床報告，使人想起一本書《學習這個母親》，該書收錄的一篇文章「我母親的教養」，這篇文章裏曾有一節寫到「頭胎的教育法事關大局」。……「反正世間認為頭胎不可過於放任，第二胎可稍馬虎一點的人不在少數，這究竟是誰之過？我們只能怪罪於雙親。……無論多珍貴多可愛的頭胎兒，也必須為他的將來設想，只要正確而仔細地撫養頭胎，以下的孩子都會效法兄姊而減少母親的精神付出。俗云孩子是共同教育的，事實也是如此，尤其是把頭胎男孩教育成功，日後絕不用雙親操心。」

這一席話簡直和母親研究員親身體驗後學來的教訓絲毫不差。在這個時代裏，

或許因為有家庭或家長的觀念，所以特別重視長男的存在，當然萬一有長女，其結果畢竟仍是相同的。

當然，如果像這樣地僅強調依靠長男或長女的力量去教導其他孩子，而不用雙親過於插手，似乎有點太偏向於功利主義，因此，對於頭胎兒而言，何不從一開頭就給予良質的刺激，不過分溺愛，那麼，利用雙親無法完成的孩子間的相互影響，即可倍增父母親的苦心努力。

基於這層意義上，兄姊真正是比雙親更偉大的「教師」。

哥哥進幼稚園盡可能帶弟弟同往

熱情對大多數幼兒來說，都是生而有之的，然而，要使孩子的熱情繼續保持下去，卻不容易。因為熱情是很脆弱的，很容易被他人的嘲笑或接連的失敗等所挫折，以致被摧毀。因此，父母要十分注意保護孩子的熱情。

從第一章的討論內容，我們可以發現，雙親對孩子抱著關心，孩子們也同樣地

回報雙親數十倍的關懷和敬仰，但我們如果從兄姊對弟妹們所可能給予的影響這點來考慮，更容易想像得到，在兄姊的生活世界及生活範疇內的事物，比雙親所能擁有的事物更對弟妹們富饒趣味性及關心的程度，這一點不知各位有否認真分析過。

例如，四歲的大兒子熱衷於標本的採集，滿二足歲的弟弟必也開始對標本抱著濃厚的興趣，這不是稀奇的怪事。如果從這方面加以設想，那麼不拘幼兒的年齡，能夠製造讓他（她）逐漸從各個領域引進到兄姊的世界中去，對於這個孩子而言，那是對頭腦絕對性最佳的刺激。

在目前的狀況下，小提琴教授班裏，有些母親因大孩子練琴時必須隨侍在側，但家中的幼兒卻無人照顧，因此，特設場地讓母親們能夠同時監督孩子練習的情況和照顧幼兒，而現在已實際發現，那些和母親共同來觀賞大哥大姊學琴的孩子，比兄姊們更早顯示出對學習小提琴的濃厚興趣。

這種現象就如同俗話所說的「廟前的小和尚會唸經」，也就是說，耳濡目染之下自然而然的就習成「拉小提琴」的技巧。據說小提琴班裏頭，成績最優秀的學生，通常是在家中排行老二或老三的小孩，從這更足以確認「廟前的小和尚會唸

經」的顯著效果。

這種效果即使非學習小提琴的特殊場所之外，亦可獲得期待中的效果。例如，勸告母親們假如前往幼稚園參觀時，盡可能將小弟妹也一同帶往。依經驗，剛開始時母親在參觀日攜帶小弟妹前往的時候，頗覺得喧嘩吵雜，而且必須在各方面小心留神以免發生意外，因此，即使園長並沒有明白的表示「不要帶小孩子來」，但也並不怎麼樣表示歡迎。

但在二十多年前，園長前往歐洲考察時，使她有機會在星期天參觀各個教堂的禮拜情形，她發現小孩子們和哥哥姊姊們隨同雙親到教堂，並且正襟在大人之間乖乖地看著圖畫故事書或玩積木。

那時她才突然覺悟：「對，就是要這樣才行。」回國之後，每遇到幼稚園的參觀日或其他時間，只要有機會她即勸告母親們：「可能的話，請把弟弟妹妹也一起帶來。然後我們可以訓練弟妹們靜坐一旁。絕對不要帶著糖果點心來，最好帶著圖畫故事或素描本及其他圖畫的工具來。」

不把小孩子區分於別的教室，而在同一個教室裏坐於兄姊身旁一同學習的方

法，在目前的確已證實了其效果的確切性。

幼兒和其他孩子遊玩可意識出「自他」的存在

前些日子有位母親帶著孩子加入幼幼班，她說讓孩子入幼幼班的動機是：為了使孩子發展最大的可能性，所以，從小開始就讓他學習各種事情，並希望他也能多交一些朋友——這可說是最理直氣壯的理由。

這位孩子的家庭因父親工作的關係，最近遷居於台北的一棟公寓內。該大樓據說環境幽雅，而且生活條件相當方便。但唯一的缺憾是附近沒有一戶人家有小寶寶。即使偶爾到遊樂場所或兒童樂園去，也只有一些就讀小學的哥哥姊姊們在嬉戲，幾乎見不到兩歲左右的同輩孩子。因此，只好每天跟媽媽形影不離地生活在一起。母親認為長此下去不是辦法，所以才把孩子送到幼幼班。

聽完這席話，這位母親能夠考慮到這點，應該值得大加誇獎。新式家庭的家族核心化，各方面的問題早已引起許許多多人的重視，從祖父母直到父母親，及孩子

間的縱線人際關係早已蕩然無存，另一個問題就如同在這節中聽見到的實例一般，幼兒之間橫線的接觸也減少了機會。

鄉下的大家族之間，雙親和兄弟大都住於鄰近，所以兄弟的孩子幾乎每天來來往往，彼此的交往可說非常的密切。相反地，都市裏的新興住宅或公寓群等，或許由於游離了地域社會，因此，非到幼稚園或小學的學齡以外，同年齡幼兒間的接觸，幾乎相當缺乏。

人類和其他的動物同樣，依靠在嬰兒時代中和同年齡的他人交往，才開始意識自己以外的東西存在，也因此能夠在主張自我存在的同時，認識並接受他人存在的現象，並把此現象當成生存上不可或缺的思想。

根據某教授指出：猿猴類的幼兒在形成小團體而開始進入一種反抗期時，離開雙親的自立心已然萌芽。如把僅和母猿共同生活的小猿及經驗小猿集體共同生活過的小猿相比較，後者明顯地比較正常。從這裏可以看出，人類的嬰兒在盡可能的範圍內，應讓他們和同年紀的嬰兒相處較佳。

讓孩子透過與自己以外的其他人對話等，一方面可以培養孩子與其他人合作找

出妥協點達成共識的能力；另一方面可以使孩子學會社會上的行動準則。

為了不使孩子將來度過默默地接受外界單方面訊息的那種孤僻的一生，父母應該通力合作，盡可能創造更多的機會，讓自己的孩子與別人家的孩子一起玩耍。

家庭失和對孩子的生理亦有不良影響

我們經常聽到一些和事佬為了平息他人的家庭糾紛，而訓誡道：「孩子還小沒有關係，將來孩子懂事的話可不行。所以，夫妻間有什麼不愉快的吵架，最好趁現在。別等到孩子長大。」

這種勸告，大概都是大雜院內的三姑六婆之流，忠告年輕夫妻的處世名言。其實，這樣的話語最不負責任也最沒有智慧。如果真是為孩子設想，不應該說：「孩子還小沒關係。」而應該鄭重的告誡他們：「孩子還小，絕對不能吵架。」

前數節中，已再三呼籲過，孩子三歲前所處的家庭環境，對於孩子將來的發展，具有相當決定性的意義。當然大人間遭遇的問題或夫妻間的糾紛，不例外的也包括在家庭環境這項。

常常聽人說，連語言都還不能十分順暢表達的孩童，當然更不可能理解夫妻間複雜的糾葛和困擾，但這卻是大人們最易犯的誤謬想法。特別是夫妻之間的失和，幾乎都以孩子為夾心餅乾，夫妻雙方謾罵不停，全家被籠罩在險惡的空氣之下，可說支撐孩子終生的兩大支柱幾乎是成天搖晃不定。雖然孩子仍不懂語言，但從家庭不睦的氣氛裏，卻能感受到痛苦和不安的情緒。

某調查報告說，夫妻幾乎天天爭吵的家庭中，罹患嚴重口吃和尿床不絕的孩子的比率比一般家庭更高。尤其是孩子在一歲、二歲開始牙牙學語的階段，因為本身擁有的語彙過少，幾乎或多或少都有口吃的現象，如果此時期中出現家庭失和的情況，那麼口吃的現象將無法壓抑而更形嚴重。調查報告也指出，大部分幼兒胃病的患者，大多出現於夫婦不和的家庭或沈默寡言的家庭內。

投注於孩子內心深處的陰影。是無法從外部窺視得見的。但他們心理的傷痕，即轉變成生理上的缺陷和障礙浮現於外表，向雙親們做無言的沈默抗議。雙親們深為失和而苦，那是各自都有責任，乃是自作自受，罪有應得。但往往夫妻吵架時，

被捲入漩渦的最大受害者並非夫妻本人，而是無辜的孩子們，所以，衷心期望父母親能牢牢記住，夫妻的愛情和爭吵對於孩子的意義有多重大。

因此，可以說夫妻吵架絕不可在「孩子還小的時候」進行，如果真要以這句話做為夫妻吵架的藉口，那麼，在孩子未出生之前應該好好地大吵一頓，把所有的問題都解決妥當，免得日後遺禍孩子。

錄入母親的聲音將可加深親子的肌膚之情

相信各位已知道，三歲之前的幼兒特別需要親子間肌膚之情（SKINSHIP）的安慰。小兒科科學方面早已廣泛地認定母親盡可能的撥出時間和孩子閒談、擁抱、輕唱搖籃曲、親親雙頰等行為，對於孩子而言是成長中必不可缺的。

但世上也有許多母親因自己的工作過於繁忙，或因意外的事故或疾病等原因，而在孩子最需要母親慰藉的時期中，實在無法分身與孩子相處而深為苦惱。這種狀況下的母親才應耽心會養成擁抱癖。

我們經常可見到在商店內忙著招呼生意的老闆娘，即使沒時間陪孩子，但只要走過孩子身邊就會稍停下來跟孩子說幾句話，或親親孩子的臉頰。雖然這是微不足道的動作，卻能給予孩子極大的安心感。

王女士就是這種忙碌的母親最好實例。王女士生下第二個孩子後，就在自宅內設繪畫教室授徒。在她上課時間內，自己的孩子常因孤單寂寞而走進教室來。因此，王女士便將自己的聲音錄於錄音帶中，每逢上課期間就把錄音帶放給孩子聽。而孩子也覺得媽媽在身邊和自己談話而安心，自己乖乖的待在房間內。

日本皇后美智子在浩宮太子仍小而必須出國時，也是用錄音帶以自己的聲音錄下童話故事講給浩宮聽，而留下佳話。因為美智子每天都講童話故事給浩宮聽，一旦外出旅行勢必中斷，所以才用錄音帶錄下外出旅行空白的天數繼續講完。身為皇后的才智和設想果然非比常人。

但如果光止於童話故事，市售的既成錄音帶真是琳瑯滿目，但無論王女士或美智子的實例，錄入母親自己的聲音，比之市售的錄音帶更有無法比擬的絕佳價值。孩子不但可傾聽故事，同時還能聽得到母親的偉大愛情。

就像這樣，無論多忙碌，多分不開身，只要有心，加深親子間肌膚之情的方法到處垂手可得。肌膚之情這個字的原文在英漢辭典中可能找不到，但其中所包含的深遠意義，幾乎已有資格可以外銷歐美各國。

雨果說：「生活中最大的幸福是堅信有人愛我。」經常向孩子表示你很愛他，這既是孩子的最基本需要之一，又是使孩子自信地成長和使孩子感到安全的方法。

不能做的事偶爾讓孩子親身體驗以增加警惕

孩子三歲以前的生活教養上，最重要的是雙親貫徹始終的態度。雙親如認為對幼兒的教養和過於嚴格的規矩太可憐，而放鬆隨其所欲，雙親先入為主的「孩子還小」的親情觀念，必導致相反的不良效果。

本書一再強調，對道理等一無所知的幼兒，當然必須以某種形態反覆不斷地教導他們，使幼兒在不明白為什麼非如此做不可，且只知道非這樣做不可的氣氛中，逐漸熟記為人的各種基本規矩。此時雙親如做出有違既定規則的行為或例外時，孩

子的接受法即產生混亂。

即使孩子已達到可以理解大人們說明為什麼這種場合可以例外的年齡，仍需大人費盡唇舌，因此在孩子還小，或太可憐了等前題之下，製造例外，特別讓孩子逃過的想法，這跟違反自然法則一樣，絕對行不得。

對於尚不明事理的幼兒，仍應教導他們日常生活上的規矩。但如果僅父母親以身作則，或用盡各種技巧，或許仍無法順利的進行。特別是絕不能做的事情中，萬一稍有差錯，說不定會引發火災或肉體上的重大傷害也說不定。遭遇如此重大事件時，即使提出良好的示範，或屢次嚴詞呵責，也不見得能使孩子心生警惕或懂得應該避開危險。

有位因腦痲痺的後遺症被醫生診斷為智能程度已無法發展的自閉型幼兒，在浴室內扭動熱水器的活塞，導致瓦斯外洩而引起一陣大騷動。指導員訓誡這個孩子：「瓦斯吸多了會死掉哦！而且萬一遇到火也會爆炸傷人。」其後他安靜了一陣子，但不久之後卻又故態復萌，扭開活塞戲耍。

儘管指導員痛打手心，大聲叱責，但這孩子似乎對危險這件事仍然毫無所知的

樣子。因此，指導員無計可施之下只好把他帶到洗衣場的乾燥機旁邊——或許這是帶有大鍋爐的乾燥機，在他面前點火給他看。大概是乾燥機的點火比熱水器還要大而且也有巨響，所以這孩子一見之下非常駭怕，此後，無論指導員教他什麼事，他都絕對乖乖的聽話。

對於孩子而言，玩火是其他各種遊戲所無法比擬且樂趣無窮的嗜好對象，但卻隨時伴著威脅生命的危險。因此，在孩子尚小的時候，如果有機會時，在家庭教育方面應讓孩子明白火的可怕及危險性。在雙親的監督示範下，用火柴燃燒紙張或燃燒大火即將燒燬指頭般，使孩子親身體驗火的可怕。

當母親正以熨斗在燙衣服時，幼小的孩子卻出其不意伸手觸摸炙熱的熨斗。細嫩的小手摸到熱鐵塊當然免不了受灼傷，這個時候，無妨拿起孩子的手輕觸熨斗試試看，當孩子感受到前所未有的尖銳刺激時，必會立即把手縮回去。與其用千言萬語告誡孩子：「這樣很危險，會很痛哦！」倒不如實際找機會讓他們有個小小的經驗，比一再告誡要有更卓越的教訓效果。令孩子親身體驗的教育方法，即使不利用蓄意性的計劃，在日常生活中，也有許許多多垂手可得的機會。

例如，某餐廳有一部份位於較高處，和其他地方區分開來。不過，地板上鋪有地毯，所以即使小孩子失神跌倒也不會受傷。前些日子，有位八月大的孩子坐在圓形的學步器上到處走動，一不小心從較高處摔了下來。八個月大的孩子並不理解大人制止他的警告「到那邊去危險哦」，所以會有跌跤的後果出現。

但孩子有那次親身經驗後，再也不會接近那個地方，如果大人強拉他至該處時，孩子即開始哇哇的大哭。或許直到孩子對自己單獨步行有絕對自信以前，必定會想盡辦法避免走進那個地方。

在孩子涉及險處時，如雙親光用嘴說「危險」，而把孩子抱離那個處所，其後的結果又會如何呢？或許孩子仍無法知其所以然，只要一有機會必會再接近該處，親身體驗所謂的危險究竟為何物。

雙親屢次禁止孩子涉險時，同時喪失了使孩子獲得貴重經驗的絕佳機會，也因此造成孩子在其他更危險場所遭受更重大傷害的可能性。

僅詳加說明或實際表演，並不能使幼兒對人類社會的規矩或生活習慣有更深地了解，在沒辦法理解危險的重要性之下，孩子大多以玩笑的心情試圖接近大人所禁

止之事，如利用直接性且牽涉於身體上危機的方式，讓孩子親身去體驗那種危機下所帶來的疼痛或痛苦，這樣肉體上自然會牢記該次的教訓。

孩子自我體驗苦痛，並不僅是使孩子獲得注意力、防禦力等保護自我的能力而已，最重要的在於能夠把孩子撫育成足以洞察人飢己飢、人溺己溺精神的人。小時候不小心被刀子割破指頭，深知其疼痛的人，要比從無肌膚之痛的人，更要深切體會傷害他人的罪惡和被害者的痛苦。

先教導牙牙學語的孩子「謝謝你」、「對不起」

是什麼決定了人的智力超過了任何動物，美國神經生物學家哈里、傑里遜提出：「人腦與其身體比例的演變，比其他動物大得多，這是智力發展的關鍵。」加拿大多倫多大學進化生物學家查爾斯・拉姆斯認為：「人類智力是生物進化和文化進步共同作用下誕生的，基因的改變導致了人類適應新的文化，而新的文化又加速了基因的進化。」

父母要打開孩子的智力窗口，開拓孩子的智力，必須注意孩子在每個成長階段中都有各自需要和不同特徵。專家的研究證明，採用不同方式循序漸進地刺激大腦，有助於開拓孩子的智力。

即使孩子還不懂語言包含的真正意義，但最好先教導他們打招呼和養成禮貌習慣。這麼說，必定又有人反駁說：「如果養成光是機械式地打招呼或答禮的習慣，孩子日後豈不變成毫無真實感情的虛偽動物。」

當小孩子接受大人給予東西時，的確無法充分表達心情，而僅是機械式地答：「謝謝你」，或是極做作的行禮致謝，使人乍見之下就知道這是大人刻意教導出來，而非孩子真心誠意的感謝。

當然，之所以如此肯定也有絕對的根據。到底才開始牙牙學語的幼兒，能否知道什麼樣的語詞，或究竟對語詞所包含的意義理解多深而使用它們呢？媽媽、爸爸、汪汪、貓貓等，只是極單純的指示人或物的語彙，或告知母親自我的欲求和苦痛等哭泣聲之外，對於那些尊敬他人的語詞等高級情感的用語，就算他們意欲理解這些語詞中的含意，但是那種感情在孩子的心裏，仍然尚未完全成立。

學習的起步階段較他人更早的孩子，經由使用這些語詞也必能比他人更早在內心裏對那些語詞所指示的內容和真正的意義萌生意念。相反的，例如「混蛋」、「他媽的」等語言在孩子心目中也無法了解意義，但他們仍照樣口出不誤。

那些認為教小孩子說「謝謝您」等機械式禮貌用語，小孩子也無法理解的人，是否也一樣相信「混蛋」、「他媽的」在孩子心中也毫無意義，所以，應該可以任由孩子天天罵三字經？相信絕不會有人同意這種說法，因為孩子最初是毫無意義的使用這些髒話，但在不知不覺之中，在他們內心裏果真會產生他人是「混蛋」或「他媽的」的清晰意念而不斷地使用那些語詞。

因此，一般人認為在小孩子尚未理會「謝謝您」、「對不起」的真正含義之前，教他們這些禮貌語言是毫無意義的，可見這種理由根本無法成立。

我們從前小時候開始死背絲毫不解其意的艱澀國字，甚至有時還會誤解其意，但日後熟悉國字的真正意義之後，比那些未曾熟背國字的人更能體會其中的含義。單純的知識和終生的素養之間的差別就在這兒。

德國醫生納特爾說：「在智力培養中，過多給予被動刺激造成集中、飽和狀

態，也會使孩子出現求知活動中的『厭食症』，即對求知缺乏興趣，求知慾減弱，從而妨礙了智力活動的發展。」因此，父母也要謹防孩子的智力「厭食症」。

勿讓電視支配孩子

電視的出現和其驚人的普及率，使現代文明因此而起極大的改變，這是任何人所不容否認的事實。當然，兒童們的世界必定也受到巨大的影響，特別是在電視出現之前和之後，大人們對於電視的教育功能到底做了多深入的重新評估呢？討論電視功過的文章不在少數，但至少還沒有人告訴我們如何運用自如地駕馭電視。這也是真的。

記得數十年前在德國出版過一本書叫做《第五面牆壁》，這本書的主題在論述人類以往的生活環境中只有屋內的四面牆壁，而現在則出現了所謂的第五面牆壁，那就是「電視」時代的來臨。換句話說，由於使用方式的問題，電視使人類全天「面壁」苦修，同時電視也是變成斷絕人類友伴交流的最大元兇。

特別是頭腦猶如一張純潔的吸紙般美麗的孩子們來說，電視使用方法得當與否，都能給予他們極具決定性的影響力。電視機具有如此重大的潛伏問題在內，為什麼人類至今仍然對電視機抱著這麼大的好感和興趣呢？

無妨這麼想想看，大概沒有任何父母親會讓自己的孩子任意選購各種內容荒誕不經的雜誌、書本或各色各樣的傳播媒介吧！既然這樣，而大人們卻因可經由一個選台器讓孩子們自由的選擇、觀賞各種電視節目，這不是令人感到極不可思議嗎？以高價選購的東西就絕對能給予孩子重大的影響，順手拈來的東西對孩子的影響也相對地變成輕微，這種荒謬的理由無論如何也不能成立。

我們經常可以看到，剛剛在學說話的幼兒，任意的轉換父母親正在收看的電視頻道，並且一再的霸住他們自己想看的電視節目。「在電視節目和卡通、怪獸電影之下成長的孩子，究竟會變成如何呢？」根據最近的實際狀況來看，此問題的答案絕不是樂觀的。

另一方面，人們並非不了解製作電視節目人士們的苦衷，但近年來有不少實例顯示，把孩子愛好電視奉為好事，並且讓電視成為孩子「褓姆」的家庭中長大的孩

子，絕大多數都是自閉症的孩子。

某教育權威甚至說道：「正值學習語言初期的幼兒，如果每天光是讓他們觀賞電視節目，無論是人類的語言或樂器聲音或機械聲音，都同樣地由腦的右半球來加以處理分析。」從這一點來看，我們可以知道電視節目絕不可任意讓孩子隨心所欲的收看，有必要加以適度的控制。反覆的選台決定了孩子的好惡。

盡量使孩子少看電視；即使有精彩的電視節目，幼兒看電視也不要超過晚上七點三十分。否則，到八點孩子就很難入睡了。在孩子上床睡覺前，不要讓孩子看電視。在孩子睡覺的房間內，最好不放電視機。

父母應引導孩子看電視，與孩子共同約定看電視的時間和選看內容，並做到以身作則。同時要引導孩子端正看電視時的姿勢；注意電視的距離。

無論音樂或繪畫最好勿選擇「幼兒用」本

剛出生的嬰兒，非經由母親授乳或換尿布，絕無法獨立生活。並且根據選擇良

好刺激給予「知性授乳」之後，才能使嬰兒的頭腦逐漸發達、成長。但這時候，嬰兒的食物僅止於牛乳或斷乳食品嗎？單是給予所謂童謠的牛乳和童話的斷乳食品，就能夠完全滿足嬰兒的需求嗎？

某小兒科醫生曾經斷言「因為孩子還小所以根本不懂嘛」的心理，只不過是大人們一廂情願的偏見而已。例如。由母親抱至診所求治的嬰兒，一轉到醫生的手中就立刻開始嚎啕大哭，這個現象就是嬰兒「非常理解」大人心情的最佳證據。

據說小兒科醫生手中抱過的孩子，從來沒有一個會哭的，他說這是由於他接手抱過孩子時，自己的心情變得跟孩子母親的心情一般，也就是說，他偷盜母親的心情來抱孩子。正因為他正確地評價孩子的能力，並依孩子的心理狀況對待孩子，所以孩子信賴他，在安心之下將自己完全交給他去處理。

對母親而言，最重要的就是信賴自己嬰兒的態度。如果認為孩子還小不懂事，所以胡亂給予粗劣的畫圖本等，嬰兒腦部就僅能吸收那些粗劣的圖畫，等到長大之後，孩子可能需要一番痛苦的掙扎才能掙脫腦部那些粗劣的印象。

當然，並非強調嬰兒能夠全部理解大人所給予的任何東西，只是嬰兒的理解能

力比我們大人所能想像的還要高級，而問題就在於大人們的取擇方法如何而定，如果認為孩子大概可能理解的，那就應該給他，如果認為大概還無法了解的，那就不要給予他們。

無論嬰兒理解與否，反正只要抱著嘗試的心情給予他們，嬰兒就可以漸次地吸收他們所得到的東西，而發展他們自我的智能，這是全世界的幼兒教育研究者所一致公認為可行的方法。至於母親應該選擇的基準，與其選用溫和、簡單的圖畫，還不如選用優秀而真實的來得更有意義。被傳統的固定觀念所束縛的「大概意識」就等於是不信任自己的孩子一樣。

幼兒教師繆里爾・瑪格奧斯說：「讓孩子建立自尊越早越好。」讓孩子在玩耍中學習，既可以做到寓教於玩之中，又可以消除學習中對孩子的壓力，使孩子不會因為學習而感到精神緊張。

父母要做到讓孩子在玩耍中學習，主要是做到給予孩子容易接受的刺激——聲音、顏色、形象等；經常與孩子玩耍，以及支持鼓勵孩子玩耍之外，還要將閱讀變成娛樂。把閱讀變成娛樂，是讓孩子在玩耍中學習的一個重要方面，父母要促進孩

子的閱讀興趣。

為此，父母可將書籍放在孩子能夠拿到的地方，使孩子對書籍保持同其玩具一樣的關係；當孩子在書上亂畫或弄皺了書，不要責怪他。孩子喜歡翻閱書，有利於培養閱讀習慣；給孩子講故事時，應該說明故事是在書中讀到的；最好和孩子一起閱讀。

孩子對於出生就在身邊的東西自然而然的喜歡

在各個行業中執牛耳的人，能夠把人類的能力發揮到最大極限的人，在幼年時代裏必然有某些共通點。

假設現在關於這個問題有個大概的結論出現，那麼，可以說一方面在這些人的判斷力正在成熟以前，就已經邁進目前他們所從事的行業中了。另一方面，在他們判斷力尚未成熟以前，已經有那種環境孕育著他日後所走的道路。

例如，日本圍棋界的高川格名譽本因坊，高川先生進入圍棋界是在他三歲左右的時候。而且在高川先生周圍的圍棋界高手們，也都在極小的時候就早已認識了圍棋。當然從十歲或十五歲才開始學習圍棋的人也不少，但這些人無論如何苦心潛修想成為棋界名人，終究還是沒有辦法達到圍棋的最高峰狀態。

提到進入圍棋界的機緣，令人意外的是經由他人教導的人非常稀少，而大概都是在觀棋中，不知不覺的學會如何下棋。高川先生當然也不例外。「在觀棋之中不知不覺的……」，這當然必須有經常可以看到下圍棋的環境。高川先生的父親是個圍棋迷，只要有空必然下圍棋，而且他的父親又突然改變生活方式，在四十歲左右時搬到鄉下，每天過著下棋、寫詩的悠閒生活。

在高川進小學之前的某天，因為他一直在旁觀賞父親下棋，所以他父親心想：「這小傢伙或許也懂得下棋，我看就跟他來一盤。」於是棋盤擺好，父子倆開始你來我往了。雖然父親讓高川九個子，並且是第一次對打，但是，高川的父親在第一次就吃敗仗。這麼一來，就變得有趣了，高川進小學後，該小學的校長竟也是個圍棋迷，因此，經常可看到校長和高川在一塊兒下棋。

單是在父親身旁欣賞圍棋，而在不知不覺之中能夠領會到圍棋戰鬥的型式、吃

子、死亡的概念，這實在是了不起的偶像認識能力。但是，能夠讓高川的能力發揮到今天的境界，乃賴於家中的圍棋賽和棋盤環境的薰陶造成的。當然，無論那種領域也仍然有賴於各個孕育的環境。

常言道：「欲速則不達」、「水到渠成」。要提高孩子的學習積極性，充分發揮孩子的潛能和才智，使孩子在學習上有好的成績，父母就要避免急躁情緒，不能操之過急，不能強迫孩子學習。如果逼得太緊，孩子就會變得焦躁，不耐煩，潛意識地產生反抗情緒，因而變得善忘。

常爬行的孩子較易有語言的能力

許多母親看到自己的孩子學習走路稍微慢一點，立刻會大驚小怪：「這個孩子是不是有什麼缺陷？」相反的，更有人會驕傲的稱讚自己的兒子：「我兒子會走路已經有好幾個月了。」就像古來的俗語所說的「會爬後期待會站，會站後期待會走路的天下父母心」，的確眼見最初只能吸乳的嬰兒逐漸成長，能像普通人一樣顯示

出運動能力，實在是相當令人欣喜的，但同時也是使人盼望焦急的事。

從父母親的心情來看，當能夠了解自己的孩子較他人稍慢學步就耽心，較他人更早一步學會走路就驕傲自得的心理。

但如果這種期望和心情過分提高，一心盼望孩子學爬期間越短越好，就是先用單腳跳著走也不在乎，父母親假如有這種心願，是最要不得的思想。這不僅是焦慮、盼望也沒有用，同時如此一來，也會導致欠缺了嬰兒發達過程的最重要部分，最後可能使孩子變成驕傲自得或悲哀自己不幸命運的人。

我們只要抱抱剛出生的嬰兒就能立刻明瞭，嬰兒的頭部最初是軟綿綿地下垂著。這是因為頸部的肌肉尚未發達的緣故，到了第三個月左右時，即使抱在手上，頸部也只能有維持水平的些微力氣而已。更進一步到四個月以上時，頭部即可以抬起來，實際上「爬行」是屬於小兒科學的基準之一，爬行和抬頭的動作之間具有非常重要的關係。

就像各位所熟知的，爬行中的嬰兒都拼命把頭往上抬，但這種抬頭的動作和躺在床上抬頭完全不同，爬行時的抬頭是將頸部向後腦的方向抬起。就因為這個動作方向，使爬行和後頭部的發達具有密不可分的關係。換句話說，爬行對於嬰兒腦部的發達，是必不可缺的成長過程之一。

尤其是最近的醫學理論更明白指出，沒有歷經爬行過程的孩子，或爬行期間極短的孩子中，曾出現語言能力極為差劣的孩子。美國人類能力開發協會的多曼博士也發表過研究報告，他說：「不經爬行而立刻能夠開始學步的孩子，在語言能力方面和其他孩子有所差距。」他的這項研究報告促使世人對人類爬行給予腦部影響的重要性更加矚目，也使世人對精神薄弱或腦部障礙、中風等疾患的治療採取爬行的方法。

根據多曼博士的研究，所有的生物最初都是變成爬蟲類以後才開始爬行，然後才有下等動物所沒有的腦部的發達和進化而轉變成高等動物。如果這個理論正確，那麼，對於腦部障礙或無行為意識的活死人之治療，應可期望爬行能發揮預期的治癒效果。

話說回來，假若爬行經由抬頭的動作，而果真能夠促進後頭部發達，當然，我們不應該獎勵孩子趕快渡過爬行時期，再邁進另一個階段。曾經有一度成為熱門話題的俯臥育兒法，因為曾導致不幸事件，因而也成為批評的對象。讓還不能爬行的嬰兒，像小烏龜一樣昂著頭俯睡在床上就是所謂的俯臥育兒法，但是，在床軟的棉被和枕頭上這樣睡著，的確有可能會致使嬰兒無法呼吸而發生不幸事件。

由爬行的頸部訓練除了頭腦的發達外，同時在精神科的觀點上也能找出極具意義的結果。小兒科醫生們都把剛學步，剛學說話當成檢驗嬰兒發達階段的資料，但是某教授非常重視嬰兒頭部的擺動這件事。

教授指出，因為人類隨著成長，到達某階段之後非得直立行走不可，因此，從嬰兒時期開始，抵抗重力的模範就變成非常重要的東西。最先表現對重力抵抗的就是頸部。嬰兒兩個月以前只是睡在床上而已，這時嬰兒的視野是屬於二次元的世界，也就是僅黏貼於平面的世界。而且也由於沒有俯瞰的觀點，所以也沒有距離的感覺，直到能夠抬頭時才初次進入三次元的世界，從頸部之下的最近距離，到抬頭後所見的遠距離為止，方能看出東西的遠近如何。

到此階段的嬰兒，就能知道母親在身旁或在遠處，如果母親是在遠處，嬰兒會極想接近，就這樣培養成嬰兒對事物的意欲和興趣。

從這點上加以觀察，似乎只是步行前的預行演習般的簡單爬行動作，除卻動作自身之外，尚包含著意外重要的意義。

因此，我們不僅要小心的對嬰兒進行步行訓練，同時更要充分的讓嬰兒爬行。幼兒的動作發育是由上到下，由近到遠，由不協調到協調，由粗到細。即由頭部的活動開始，再到下肢的活動，表現為抬頭、抬胸、坐起、站立、行走等順序。民間歸納為「二抬（頭）四翻（身）六會坐，七滾八爬周會定。」真實反映了幼兒動作發育規律。

語言應眼耳齊教方能早日記牢

幼兒比大人想像中更能夠清晰的識別複雜的事物，這種能力當然也適用於對語言和文字的關係。特別是有關閱讀的能力，嬰兒認識「鳩」比認識「九」字更為容易。所以說他們的能力非大人想像可及。

有教育家就針對嬰兒的這種能力，因此使幼兒記牢數百個國字並捧著書本朗朗

上口。他又認為由於每個幼兒都具有這種最基本的能力，所以，也用不著區分會話語和文字來分別教導幼兒。

從眼睛和耳朵，亦即視、聽兩方面同時教導語言，這樣聲音可補足文字、文字補足聲音，互相輔導增強之下，當然更能夠迅速的學會。但是，有些大人卻自作主張，認為對剛學習說話的孩子教導文學，會造成孩子過重的負擔。

例如，幼稚園的生活指導方面，老師都會教學生：「大家來洗手。」但教育家建議幼稚園的老師們在向學生說：「大家來洗手」的同時，最好把這幾個字也寫在黑板上讓學生認字。如此一來，幼兒的視、聽兩方面都烙印了「大家來洗手」詞的深刻印象，他們吸收的速度也一定提高五、六倍以上。

教育家的提議不僅應用在教室裏，就是一般家庭內採取這種方式也可獲得效果。在孩子學習新的語詞時，寫出這些文字讓他們看，那麼，孩子在認識、熟記此文字的同時，更能正確地學會每個字彙的用法，不致於將該語詞和其他文字混雜在一起。

例如，孩子們光是聽：「是你嗎」跟「是你媽」，從發音上他們根本無法明

確區別所言到底為何，如果能夠同時寫出文字表達，他們以後當然能夠清晰地分別「嗎」和「媽」的用法和意思。又如「我是……」，「他是……」以及「說故事……」等語詞的末尾都是同音，如果要說明為什麼同音卻不同字，非得講到口乾舌燥不可，但只要孩子接觸大量的語言和文字關係之後，在不知不覺中，孩子就能夠區別出彼此間的不同。

我們將學齡前孩子的知識教育稱為早期教育。主要由父母和幼稚園的老師承擔。由於學齡前孩子以玩耍為主，故對他們的教育，應在玩耍中進行，讓他們在玩耍中學習。

先學國語再學外文的方式過遲

對腦細胞的配線仍尚未完全成熟的幼兒進行教育法，可見出最典型效果的就是外文的學習。以極端的理論來說，對於三歲以下的幼兒，同時教予數種語言，孩子擁有同時吸收這數種語言的能力。但有不少人舉出實例反駁這項理論。

其中之一是最引起疑問的論調：「對那些還沒有辦法順暢說國語的孩子，強灌一些都跟國語毫不相像的外文，最後必然會變成『四不像』，連自己最重要的母語說不定會因此而怪腔怪調，所以，應該等國語熟練之後再學習外文方為上策。」

或許，許多抱此種疑問的人，大多因為長大之後遭遇學習各種外文的困難，或在電視上看到外國人說著怪腔怪調的國語，所以，才連帶地想像孩子同時學習數國語文也會碰到這種困難。

外國人說國語用奇怪的腔調發音或許在我們看來是很可愛的，但萬一自己的孩子同時學習國語和外文，不幸兩種語文糾雜不清相觸礁時，日後說起國語變成像外國人那樣怪腔怪調，豈不是糟糕了——大概反對的人，心中都有這種單純的不安心理作祟。但是，近年來不也是常有人批評，最近的年輕人使用國語也怪異得令人不可思議嗎？

這些疑問和耽心，完全是從毫無根據的以訛傳訛式誤會而來的產物。即使雙親回想自己學生時代學習數種語言所感受的困難和程度如何，但那是由於長大後意欲學習外文，才會產生那種困難和挫折，但幼兒卻完全沒有大人們所碰到的阻力或障

礙。

說著怪腔調國語的外國人實例，也跟上述的理由有異曲同工之妙，他們或許也是長大後才苦心學習外國語的人，如果僅是使用怪異的國語，當然已牽涉到國語教育方法的問題，並非同時學習外文之過。相反地，同時學習外文可以清楚地比較外文和國語間的特徵，可以因此而更理解自己的國語。

再說，出生不久後立刻學習兩種以上的語文，並沒有導致任何混亂且名聞遐邇的人也不少。在夏威夷研究語言學的西尼卡夫人的兒子沙德西先生，在出生後不久立刻被教導英文、芬蘭文、日本語等三種語文，到學習之後的第四個月，他即能明確地識別這三種語文和其他語文，而且比僅學習一種語文的孩子更迅速熟習這一些語文中的任何一種。幼兒開發協會的母親研究員的報告也同時指出，出生後立即讓他們聽英文成長的孩子，其英文的發音，比學習英文十年以上的雙親更為標準，也使雙親為之望塵莫及。

就像這樣，外文教育應該越小的時候進行越有效率，換句話說，這樣可以讓幼兒可在語詞方面能夠「一腳踏兩條船」也不致於務廣而荒。想在最先已被一種語言

所固定的腦袋中，再灌輸最新的他種語言，事實上已無法以完全的型式加以接收。因此，敢下斷論「先學母國語後再學外文太遲」。

像這樣的雙管齊下現象，並不僅止於學習外文，在其他形形色色的領域上也有相當真實的研究心得報告。例如，對小學一年級的幼兒教導英文，一年級小學生吸收英文的狀態相當優良，持續學習到三年級時，他們的閱讀能力和使用英文的作文能力，已經是六年級的學生無法趕得上的高超。

相反的，遵照以前的教育方針，從國中才學習英文，由於受到最初學習國文的影響，因此對英文的使用和書寫能力確實無法運用自如。即使在英文考試時能作答的相當好，但如突然遇到作文或做筆記時，卻沒辦法使用英文書寫。

說不定又有人會說，孩子們因為尚未熟練地使用英文，所以只要勤加練習，必能有所成效，但是，正由於多餘的練習是必要的程序，所以早已習慣性先學國文的方式，才會妨礙到吸收英文的能力。

美國人在嬰兒剛開始學步的同時，教導他們溜冰的方法，這種嘗試或許也因為同時雙管齊下，要相較於會走路之後再學習要來得更迅速也更容易。

就像我們常說的，打鐵一定要趁熱，等到燒紅的鐵片冷掉之後想打，也沒有任何辦法和效率了。

當孩子還不會認字時，父母就急匆匆地教孩子認字，甚至強迫孩子學會認字，是達不到效果的，反而可能使孩子反感，傷害孩子想認字的自發意識，要在孩子求知的好奇心自然發展的過程中，注意孩子喜歡文字。在孩子非常想在某方面表現自己時，就要多給予機會，這是激發孩子學識字的要訣。

讓孩子聽世界各國的搖籃曲日後學習外文更易吸收

對於貿易公司的駐外代表而言，是理所當然地熟習外文，但自己家庭的語言問題卻是最大的煩惱之一。但同時也常聽到，大人們汗流浹背地翻閱外文字典時，自己的幼兒卻能夠迅速地熟習駐在地的語言，而且能夠分別使用自己的母語以及駐在地外文和家人及外人交談。

上一節論述過，就幼兒對語言的卓越能力來說，這是理所當然的事情，但對於從無經驗海外生活的人來說，或許海外生活有著令他們羨慕的地方，當他們請教海外回來的人：「您們的孩子能夠同時說兩種語言，真是再好也不過了」時，很意外地，答案竟是出人意料之外。

「哪裏！其實並不是這樣的。剛回國的時候，的確是能夠同時說兩國語言，但不久之後，從前那麼優越的外文程度，由於沒有機會使用，所以根本就忘得一乾二淨。」這麼說來，好不容易培養成的吸收外文的卓越能力，除非長大之後真正非應用不可時，根本是絲毫用處也沒有了。

這種現象的確有許多人曾提出報告。幼兒對語言的吸收能力雖然迅速，但一旦沒機會使用，同樣也立即遺忘，這的確也是一項真理。雖然這也是真理無誤，但從這個真理中，我們又可推演出肉眼所看不到的另一面真理仍是存在。

這又怎麼說呢？因為像這種案例，孩子乍見之下似乎完全忘卻了外文，但在他們的腦細胞裏面，仍然遺存著當初吸收那些外文時的資料。若要舉出證明這個理論，真是不勝枚舉。

例如，教授英文會話的卡瑪克先生，在法文的造詣方面同時也相當高深，但在

高中選修法文之前，他對於法文方面的知識幾乎是一片空白。但當他開始學習法文時，卻進行得非常順利，同時他的法文發音也是最早受到老師誇獎、稱讚，不久之後，立刻變成法文方面的高造詣人。現在我們就必須要問這到底是怎麼一回事了，經和他母親長談之後發現，原來卡瑪克在三歲以前，曾在一位法國人尼先生創設的幼稚園上過半年的課，就算本人完全沒有那種記憶，但在幼年時就接觸那種語言，就能夠在腦細胞的極深處殘留下印象，因此，再次學習那種語文時，腦部就能夠毫無抵抗地接受這些舊朋友進來。

明瞭這個事實，外文教育方面必定有更新式更有效的方法。例如，全世界各地語言的發音的要素，已知的已有七十種左右，而世界各地的搖籃曲不是可以巧妙地包括這些發音方式嗎？就算沒有辦法包含全部，但光把各國的搖籃曲錄於光碟內，從出生後就反覆地放給幼兒聽，也是一種良好的方法。

一些神經生物學家、生物化學、神經心理學家、心理語言學家等的研究結果證明：「幼兒的經驗決定大腦的結構，大腦在敏感時期接受的訊息的品質和數量，決定著神經元結構的密度和效率。」

在敏感時期，幼兒的接受能力特別強而快速。幼兒對動作、視力、音樂、語言和情感一學就會。在這個時間窗口，產生大腦各個區位之間的「訊息高速公路」，以後一生都順著這條道路前進。因此，父母要抓住這個「時間窗口」的有利時間，及早打開幼兒的智力窗口。

高學年學習文法較具意義

古希臘的文獻之一曾對母語的意義做了「所謂母語是遺傳性的東西」詮釋，到目前已邁入二十一世紀的今天，卻仍然有人對這樣的「神話」深信不疑，簡直是不可思議，假若母語是遺傳性的東西，在外國出生的台灣人小孩，在歸國後必能在母語方面運用自如，但為什麼卻非得下苦心從頭學習不可呢？而長大後才想學習的外文，為什麼卻又能說得那麼流暢呢？

出生不久剛具有說話能力的幼兒，每天受到母語的刺激，將母語以一種偶像的形態接受、吸收，因此首先習得母語。例如「您好」、「您早」式的問候語句等，幼兒並非將「您」、「好」、「早」一語一詞地分析後逐個記住，而是把整段話以偶像的型式記憶起來。

假設該語詞的意義是在使用中逐次理解，而非得理解則沒有辦法說話，那麼，可以說小孩子永遠也不可能記住任何語詞。如不在偶像能力最優越的時代給予最良性刺激，則幼兒智能永遠也不可能成長。

大人運用外文上的艱苦，就是由於這種偶像能力衰竭，凡事以理解為先，將「分析能力」列於最優先地位所造成的後果。先學習文法反而沒辦法流利地說外文的原因也在此，這些都是大人親身經驗過的苦痛。

所以主張高學年後才學文法，幼兒期反覆地學習會話的理由也在此，因為「偶像時代」中反覆地刺激，比其他的方法更為重要。

只要提及教育，一般人立刻會想到分析、理由、理解，並誤認為理解是最優先的目的，但分析性的教育最好在「偶像時代」不用，具備有分析能力之後再進行較為妥當。

在「偶像時代」裏給予良好的刺激，但立即會有反論指責這種主張是填鴨式主義和強迫主義，不過令人想反駁這些理論，因為現代教育的最大弊害，在於應強迫灌輸時不做，反在不應加強灌輸的時期硬是猛填鴨。這種教育方式的結果，最大的受害者除孩子外無他人。本書用「太遲」的刺激性語氣，當然也是認為教育上，順應分析能力和偶像能力的教育方法，有必要加以清晰地分析。

有學者研究，用遊戲和唱歌等刺激，孩子則智商提高。但也有學者認為，聽莫扎特音樂難以提高智商。然而，刺激要適宜，要使孩子感興趣，但過多的、不宜的刺激則適得其反。

「似曾相識」的體驗日後必有助益

某指揮家於德國多爾多蒙的歌劇院指揮威爾第的歌劇「里格列特」（Rigoletto）時所發生的事。歌劇中有所謂裝飾音符，依照歌劇的慣例，古來的男高音在最後段時，將音調提升至最高度，以獨特的抑揚曲調劇終。但指揮家卻發覺他所指揮的男高音所唱出的拍子似乎和他記憶中的拍子速度不符，因此，他暗示該男高音

提高拍子的速度。按理說指揮家首次指揮「里格列特」一劇，為什麼卻單對最後的曲調擁有鮮明的記憶呢？

因此指揮家暗示男高音採取一致的拍子，樂團的總監也理會他的暗示，對指揮家的指揮方式大為讚賞。當其他團員獲知指揮家首次指揮該劇卻熟知終段拍子時，覺得頗為不可思議，他們詢問指揮家原因時，指揮家自己也摸不著頭緒。但後來某天，指揮家無意中拿出以前的舊唱片出來欣賞，一切真相終於大白了。

因為指揮家是獨生子，很早就擁有電唱機，幾乎是在全天欣賞唱片中長大，而在那些唱片中就有「里格列特」一劇中的詠唱。那就是卡羅素著名的「女人心之歌」——「在風中，似羽毛般地……」，指揮家腦海中還殘留著卡羅素唱法的記憶，當他開始指揮時，腦中立刻映現出從前的記憶。所以，他才察覺到男高音和自己指揮的拍子速度不符，而指揮家首次聽卡羅素那張唱片時年僅一歲，四十幾年前聽過的歌曲節拍竟然仍能留在記憶裏，令人不敢相信這是真的。

不厭其煩地長篇介紹指揮家的體驗，只不過想告訴各位指揮家的故事，正確地實證前所主張的「偶像化」理論。幼小時生理上所記憶的事物，到長大後仍然殘留

著，並且能夠在某方面有所助益，此類例子不勝枚舉。

我們常可看到比美國人說更流利英文的台灣人，或比日本人說更流利日文的台灣人，這樣的人必定是幼兒時期居住過美國或日本造成的。長大後歷經數十年，遇到說英文或日文的機會時，幼時的記憶再度復甦，自然而然順暢地說出英文、日文，使外國人目瞪口呆。

普通人碰到類似現象大多驚奇不已，但事實上這絕不是什麼不可思議的事。幼兒期反覆接收的刺激偶像化，並且烙印在腦細胞的某部份內，在必要時機再度喚醒記憶，是理所當然的。一再主張在幼兒「偶像時代」裏，姑不論其理解與否，可能的話盡量施予良好而且高數量的刺激，其理由之一在於此。特別是關於語學、音樂等感受勝於道理的東西，如不在此時代中以偶像的型式吸收消化，後來的刺激必形成一道障礙，無論如何勤加努力也難收優良的效果。

例如，我們常說國人無法發出R和L的音。但國人中R與L的發音不輸英語系民族的大有人在。或許那也是「似曾相識」或「似曾聽過」的體驗，在突然應用的時候發揮了功效。

當然這種必要的體驗不僅限於語學或音樂。誇張一點的說，在此時期內的體驗，說不定掌握了人類日後某程度的方向性。最近「畢生工作」（Lifework）一詞成為流行語，似乎可看出第二人生應如何生存已成為重大的問題，但我們可說一個人一出生時，就已經訂出畢生工作的方向了。

如果說為了迎接美滿的第二人生，應該是決定於幼兒期的教育如何，或許予人唐突的感覺，如果幼兒期決定人類成長的大半，那麼，絕不能說幼兒期和老年期之間是毫不相關。

有人深信「人生的黃昏早在黎明時即已決定了」，從這句話可看出幼兒期的教育對個人一生的影響有多麼重大。讓您的孩子們盡可能累積大量的「似曾相識」、「似曾聽過」的體驗，而且要越早越好。

附帶說明幼兒常聽音樂的利弊。

一、利：

有心理學家認為，音樂是幼兒與外部世界交流的前語言方式。優美動聽和多愁善感的音樂，對新生兒有良好的作用，他們能快安靜下來並不再哭鬧。美國一項臨

床試驗證實，給處於躁動狀態的早產兒播放音樂，在最初的二十分鐘內，早產兒的氧飽和度上升、心跳和血壓下降至正常值，可見，音樂有安撫作用。

二、弊：

有些科學家認為，給幼兒常聽音樂可能養成沈默孤僻的個性，還會喪失學習語言的能力。故專家表示，在幼兒呀呀學語的年紀，不能每天長時間給幼兒聽音樂，否則，就會失去學習語言的環境。還有人認為，幼兒長時間聽節奏明快、優美動聽的立體聲音樂，很容易發生聽覺疲勞，甚至聽力受影響。

幼兒時培植「一流意識」就能成長為「一流的人物」

現代父母的理想是讓孩子考上「一流」的大學，進入「一流」的公司就職，但事實上實現這種理想卻是相當簡單的事。那就是幼兒出生後立刻將「一流意識」當成一種偶像，深植於他們的腦海。當然各人對於一流的標準各有不同，但母親心目中「一流」的標準必然會傳給孩子。

我們的主旨並不在於議論何謂「一流」，所以不打算就此含義加以闡述，不過一個人長大成人變成什麼樣的人，幾乎都是幼兒時期父母的「意識」之下的結果，這是千真萬確。但是，祈願自己孩子進入一流大學，任職一流公司的父母親們，卻疏於培植孩子的這種意識。等到孩子心目中已有自我的意識出現，開始獨自走向他們自己的道路時，方才指示孩子以一流為目標已經是太遲了。

目前過分熱心的教育媽媽類型的做法，似乎一部分基於這個原因。欲進入一流的大學非得先進入一流的高中不可，欲考上一流的高中之前也必須以先進入一流的國中為前題，接著又需找尋最優秀的小學，選擇學校的程序逐次降低，目前的社會，甚至於出現了準備進入幼稚園之前的幼稚園預備學校。我並不了解在那些所謂幼稚園預備學校內到底教些什麼，但可以百分之百的肯定，家庭就是進入一流幼稚園之前的最優秀預備學校。

今天，我們請教那些功成名就的人士，毫無例外都是優秀的家庭預備學校教育出來的學生。或許雙親們是在毫無意識的不知不覺狀態下，把孩子教育長大也說不定，但其最後的教育方針都是想讓自己的孩子變成一流的人物。即使不特地強調變成一流的人，但是從家庭環境的氣氛或雙親的行動中，孩子自然而然地能夠培養一流的意識，並從其中奠定變為一流的能力。

據說被稱為世界機車王的本田機車老闆本田宗一郎在出生後的數年間，揹在爺爺的背上，每天到住家附近的某汽車修理工廠去散步。因此，他從小每天聞到汽油臭味，而培養出他日後對機車的濃厚興趣。

由此可知，對於本田而言，揹在爺爺背後，較之任何設備齊整的學校更具有日後成為機車王的最優秀預備學校。當然並不是說在嬰兒時期讓他聞臭汽油味，日後每個人都必定能成為世界的機車大王，但至少可以確定，爺爺的背上是創造他日後可能躍身機車大王的條件之一。一般人因受教育的堂皇名稱所惑，因此，大多忽略了創造幼兒最必須的預備學校的努力。

現代父母都有「望子成龍」「望女成鳳」的急切心情，而專家認為：「每個孩子都能藉父母的遺傳，得日後可能達到最高發展的潛在能力，至於是否能達到最高發展的階段，則有賴四周環境是否能夠給予充分的智力刺激或作用而定。」因此，父母要做好對幼兒的智能開發。

幼兒期間更應給予他們看一流的事物

在從前大家族的時代裏，常可看到祖父、祖母帶著孫兒們到廟前去看戲，或接送孫兒上下學的感人畫面。或許受祖父母的影響，有不少人日後因此成為各行各業中的指導者。

為什麼要在此處提及從前的事呢？因為現代的孩子們無緣受此恩惠，沒有機會接觸較優秀的事物。從前的祖父母們都有優異的眼光鑑賞良好的事物，同時又比較有閒暇，因此，經常能夠攜帶形同好朋友好伴侶的孫兒到較好的場所去遊玩欣賞。當時祖父母並不考慮孫兒對那些事物是否能夠理解，他們最大的樂趣只在於攜帶孫兒在身旁到處走走而已。其結果自然而然的使幼兒有機會接觸較優良的事物，並在吸收這些事物之中成長。我所說的接受優秀的影響，事實上指的就是這回事。

認為讓孩子吃好吃的東西，他們也無從領略其滋味，讓他們看好的事物，孩子們也不知其所以然，等雙親先入為主的觀念，絕不會對孩子有任何幫助。

也有不少人認為帶孩子到一流的餐廳去吃飯，孩子調皮搗蛋反而會增添其他高貴客人的麻煩，但要知道，孩子在一流的餐廳內就能有一流的行動，在二流餐館內也會有二流的行動。

據說使料理更可口的秘訣，就是多吃好吃的食物。

如果成天光是帶孩子到二流餐廳用膳，到一流餐廳才教導孩子應有一流的行為，這必定理所當然不太可能成功。

我深信正因為時值幼兒期，所以更有必要讓孩子給予一流的東西和欣賞一流的東西。因為在幼兒柔軟的頭腦中培植良好的偶像，久而久之「偶像」自然會變成孩子的東西。在結婚或求職時「教養」一個問題常引起考慮，假若幼兒期的良好偶像是問題來源，其實也不應該過分的加以指責。

所謂「教養」並非純指家世或財產等問題，最重要的在於是否有「良好的環境」，能夠給予孩子良好的事物或看到良好的事物。在我們身邊不是也有許多沒有家世、財產，但卻在優良環境之下成長並邁向成功之途的人們嗎？

擁有深具見識的祖父母的家庭是良好成長環境之一，幼兒在祖父母的提攜下渡

過幼兒期，是最優秀的教養，所謂一流的東西並非只能用金錢才可以買到。天下的父母親們必須認知，對孩子的教育，給予良好的事物比給予金錢更為重要。

一項調查顯示，孩子的消費十分驚人，讓孩子從小就養成了花大錢的習慣，什麼都要名牌。在物質上什麼都擁有的孩子，大多數不再有目標，除了消費、享受之外，什麼東西都引不起他們的熱情。因此，就有人說，錢是萬惡之源。給孩子的錢過多，勢必引誘孩子變壞。日本人提出「再富也要窮孩子」，是有道理的。

盡可能帶孩子外出

當嬰兒的眼睛逐漸能夠看清物體時，母親們大概都會購買音樂盒或鼓鼓棒給孩子玩耍。孩子們也樂此不疲地傾聽音樂盒和戲耍鼓鼓棒，但僅是這種玩具就能夠滿足孩子的需求嗎？每次看著正在遊戲中的孩子時，都可在他們臉上發現刺激不足和似乎在抗議不滿的情緒。

此時期的嬰兒即使對一隻飛到眼前來的小蒼蠅，也抱著無窮盡的興趣。如果他

們在地板上找到螞蟻，雖然無法告訴螞蟻是自己最要好的玩伴，但卻目不轉睛地注視追蹤螞蟻的動向。欲滿足幼兒對這些刺激的飢渴，不僅是螞蟻而已，就是汽車、狗、貓或飛鳥、飛機都可以，可能的話盡量帶他們到戶外去，以增加幼兒接觸戶外世界的機會。

依最近的情況，已很少能看到母親們攜帶幼兒到戶外。一方面或許是由於自用車的增多吧！但我們也常聽到基於道路狀況，或衛生上、健康上的問題等理由，所以近來的年輕母親們甚少帶嬰兒到戶外去。

天冷時會感染感冒，天熱又會罹患日射病，所以對母親而言，最好讓自己的孩子保持在「無菌狀態」之下最安全。但這樣的做法卻導致了隔離幼兒嗜好的後果，如站在期望擴展幼兒智性能力的觀點，絕不贊成雙親們的關閉式做法。

就像俗話所說「大自然是孩子學習的寶庫」一般，戶外或自然界之中，可引發孩子無窮盡興趣的各項刺激，佈滿著自然界。不攜帶孩子在這學習的寶庫去，正是母親們的怠慢。當然帶幼兒到戶外說不定有可能患上感冒，或遭遇突發的事故而導致危險。可以說，為了此種原因而把幼兒監禁在家裏，就等於是母親用自己的手剝

奪了幼兒學習的機會和場所。

外出的幼兒睜大眼睛驚訝地注視著路邊的貓或狗，也不放鬆路上川流不息的各型汽車。對於市場內陳設的各色各樣蔬菜，更是目不轉睛的欣賞。像這樣接收各項在家裏所無法獲得的刺激，幼兒的智慧才能因而逐漸發達。大人們以危險的簡單理由，就摒絕了可獲致智能經驗或活動的絕佳機會，這樣難道真的是在替孩子設想。

對幼兒健康或危險方面的顧慮經常給予最大限度的留心，是身為母親的重要責任，剝奪幼兒學習機會絕不是母親的責任。讓幼兒在美麗的大自然界中更活潑地發展智性、肉體上的活動吧！

同時，多帶幼兒到戶外活動，可以多呼吸新鮮空氣，適當沐浴陽光，以增強體質，提高抗病能力，促進生長發育。

母親應積極回答幼兒的呢喃聲

由於產期接近，因此兩位母親在婦產科醫院內健康檢查時互相認識了。兩位母

親也都平安地生產健壯的寶寶，經過數個月後，一位母親拜訪另一位母親，當她看到對方的嬰兒時卻嚇了一大跳。因為對方的寶寶簡直是自己的孩子所無法比擬地活潑的叫出聲音，雖然都是不成語言的聲音，但卻頻頻地在跟自己的媽媽說著話。

這位母親留意到此一現象，她很奇怪幾乎同時出生的嬰兒，為什麼又有如此大的差距？當她請教對方母親各種問題時，發現自己的撫育方法其實也相差無幾。但是當這個寶寶的剛上幼稚園的姊姊放學回家時，她突然領會一切的癥結所在了。

這位姊姊一踏進家門立刻就跑到弟弟身旁，即使是弟弟稍微出聲，她就回答弟弟的叫聲，據母親說，姊姊有了一個弟弟後，高興得手舞足蹈樂不可支，從前她只能跟洋娃娃說話，現在則是變成弟弟談話的對象了。

那位媽媽笑著說：「不知道姊姊真正地能夠區分洋娃娃和人類的嬰兒之不同，或是把弟弟當成洋娃娃般地哄呢！」

當然剛出生不久的嬰兒除哭聲之外，其他發出的聲音大概只是些「啊啊」或「哦哦」等所謂的呢喃語。肚子餓或尿布濕了等具體表達而呼喚母親的是哭聲，相反的，嬰兒大多是在情緒愉快的時候發出這種呢喃語，所以，即使不立刻趨前照料

對嬰兒也無任何妨礙。嬰兒在獨自伊伊呀呀之間不知不覺的沈睡。

但基於周圍的人對於此種呢喃語是否積極地回答，必也出現像上述般幼兒發育上的差距，這是千真萬確的。據說心理學的基準將嬰兒的哭泣聲、笑聲和前述的呢喃聲等視為信號行動和發信行動。換句話說，大人眼中似乎毫無意義的「呵呵」「哦哦」似的嬰兒喃喃私語，對於嬰兒而言，那是想把自己的存在通知周圍的人，並且傳達自己意思的一種「信號」表現。周圍的人如立刻回答幼兒的信號，幼兒的發信行動則大量的增加。回答幼兒的信號並不僅是與他們談話而已，無論撫摸、哄搖或抱撫等方法都可以。

最重要的是立即地「回答」他們的「信號」。就像拍發電訊一樣：「這兒是○○局，請答話」，如不立即回話，會被當成：「無法聯繫」而切斷電訊，嬰兒的「電訊」也同樣的，如不立即回答，幼兒當然不會知道周圍的人已給予他們「電訊」回答了。

大人應答電波，使孩子逐漸領會發出電訊的要領，並因此能夠傳送更高度的信號。透過發信和回答之間的舉動，不斷地促進孩子智能方面的發達。心理學家同時

也指出透過「發信」和「回答」的母子間交信行動如果頻仍，嬰兒和母親間的情結才能因之而形成。當然母子間的「通訊」是相互作用，因此，從母親方面主動的「發信」，同樣能夠促進孩子的發信。即使嬰兒方面沒有「發信」行動，但母親也需主動地和嬰兒交談，母子間溝通的重要性由此可見一斑。

經由此類「通訊」舉動，可使孩子的情緒穩定，同時也能夠培養成孩子的能力，使他們長大之後，在人際關係方面可以順利圓滑地進行。

相反的，如應對此種發信行動的回答稀少，其結果又變成如何呢？心理學方面也有報告指出，讓嬰兒獨自睡在空無一人的房間內，嬰兒很難增加此類呢喃語。

在美國某個城市，有些家庭的嬰兒因母親上班工作，致和母親相近的時間極少，因此，政府派遣曾受過特別訓練類似家庭教師的人，除星期六之外，每天陪著嬰兒一小時，和他們閒聊共渡這一小時。其後對一歲前後的幼兒舉行的調查結果，在家庭教師一星期陪伴六小時，一年之後，這些有人伴與「談話」的幼兒，比其他狀況完全相同但無人交談的幼兒，在智能指數方面更為高，特別是兩者的語言能力也有顯著的差距。從此調查報告結果可看出，對此時期嬰兒的非語言似的語言予以

充分的回答有多麼重要了。

就像這節開頭所介紹地，當母親為家事所絆無法分身陪伴嬰兒時，他的小姊姊卻充任最適當的「特別家庭教師」的任務。或許這位剛從「嬰兒身分」畢業的小姊姊，對於嬰兒的「啊啊聲」和「哦哦聲」也聽成很有意義的語言也說不定。

有些孩子儘管年齡、月份相同，但因為所處的環境和撫養方式等的不同，發育會有快慢。如冬天出生的嬰兒較夏天出生的嬰兒走路晚一些，父母不必為此擔心。對於智力、骨骼、肌肉發育正常的嬰兒，只要經常到戶外活動，到了一定年齡，就自然會坐、會走。

古代的遊戲包含著自然培育孩子自立心的意義

並不是故意聳人聽聞，但是所謂的「教養」和「說教」、「教訓」間似乎糾纏不清，無論教養者和被教養者似乎都對這事不抱好感。但是，如某人在某個時候不施予教養，孩子則無法擁有社會性的自立能力。

就像本書一再說過的，這位某人就是母親，某個時候即幼兒的「偶像」時代。問題在於強迫說教的利弊如何，我並不認為在偶像時代中施予強迫教育會對孩子有任何不良影響，但也並非因此主張無論什麼事都可施予毫無限度的強迫教導。經由母子間的遊戲，自然能夠累積基本性的訓練，同時也能夠構築為社會的自立為目的的基礎。

因此，古人苦心創立各色各樣母子間的遊戲，並經由此母子遊戲完成教養、教育的工作。「不在了，不在了，哇！」的母子遊戲，包含培植孩子自立心的意義在內。母親不在似乎能在幼兒心中產生極大的恐懼感，只要稍不見到母親的形影，就開始「媽媽」，「媽媽」地哭泣。「不在了，不在了，哇！」的遊戲，就是教導母親不在時的應處之道，也可以說是幼兒期最初的訓練。

「不在了，不在了」，母親不在的時候，讓幼兒感受母親不在的巨大恐懼感，而當母親「哇」地露臉時，又讓孩子記住當時的安心感。反覆地轉變恐懼感、安心感後，可在幼兒腦中深植一項「型態」，那就是即使媽媽現在不在身邊，但不久後一定會立刻出現。

經由此種反覆的刺激，使幼兒逐漸在母親離家時也不再有恐懼感，自然而然地樹立自信心，這就是此理論的根據。

古代母子間的遊戲，從某些方面來說，其中包含教養意義在內的內容不在少數。「寶寶最了不起了，乖，走到這兒來」的激勵語言，目的並不僅是提高嬰兒的走路能力而已，同時也是訓練嬰兒以自己的能力走向目的地。可以確定累積此種訓練，必能在嬰兒心中樹立充分的自立心。從此處加以分析，我們知道古代的人對幼兒教育方面擁有令人欽佩的智慧。

所謂「遊戲」是從日常生活中演化而來的東西，任何人都曾體驗過從古代遊戲中發現了新奇性。現代母親從新正視古代遊戲，並漸漸吸收更優秀的事物，也是現代教育的技術革新之一。甚至可以說，在傳統的教育法之中，也能夠找出西方教育法的最先端技術。

人生有二次斷奶，一歲左右的幼兒是生理性斷奶，即不再吃母乳，但在心理上仍與父母保持一體。但到了十三四歲，便開始走向心理斷乳。「心理斷乳」就是心理上逐漸與父母及其他成年人割斷聯繫，並逐漸走露自立。

教導幼兒學習外文時，應以自然的速度為宜

當剛開始學習英文的時候，如不以極緩慢的節拍（速度）吟讀，則無法理解其句子的意義。例如It–is–a–pen來說吧，是逐個分析每個單語的意義再予以熟背，所以或許速度緩慢也是理所當然，接受此種英文教育的大人們，碰到外國人滔滔不絕的流暢英文時，單語的分析能力趕不上外國人的說話速度，結果當然搞不懂對方到底在說些什麼了。

而在說外文時也是逐字推敲意義之後再說，因此，說話的速度自然緩慢到足以令外國人急出心臟病的程度。一般人的英文恐懼症可說就是由這種分析主義演化而來。相反的，連母語都還不太流利的小孩子，卻有辦法立刻和鄰居剛搬來的外國小孩變成好朋友，並且能以說母語同樣的速度和流暢語調互相以英文交談，這就是因為孩子並不具有像大人那樣的分析能力。

換句話說，孩子並不考慮單語的意義，而是將一段句子以「偶像」吸收消化，

所以，當大人們以慢吞吞的速度邊考慮單語的意義邊結結巴巴地說英文時，小孩子卻立即能簡單明瞭地出口：It-is-a-pen。

在英文方面最引起爭論的就是話語的速度。許多人的意見認為，因為教導英文的對象是連國語都不太靈光的幼兒，所以，速度方面應盡可能的越緩慢越有效果。另一方面則以幼兒的偶像認識能力為出發點，所以，認為以外國人說話般的自然速度才更能使孩子理解。就此兩種理論雙管齊下，實施各樣地累積實驗的結果後，結論認為：年齡越低的幼兒，越是應施予自然速度教導。

確信上述的結論，是促使幼兒英文能力成長的原動力。例如某位母親曾經說，幼兒對於速度快的事物越發能夠牢記。大人都深信速度過快的「鵝媽媽」一文，三歲左右的孩子卻能在兩星期以內背熟。

從這點來看，我們知道孩子對自然的刺激能夠極自然的接受吸收。換句話說，雙親硬對孩子施予人工性的刺激，認為非先理解意義則無法學成，但如此一來卻容易導致嬰兒頭腦的混亂。同樣的道理，幼兒學習外文時，仍然是對自然速度下的外文較快記熟。

此外，讓孩子在幼兒時期培養成說外文的自然速度，該自然速度即在腦中偶像化，日後就用不著耗費心機地再苦練自然的說話速度。我們不能忽視這個效用。一旦某種刺激在腦部固定之後，要想予以修正，必得較白紙狀態更花費數倍的努力才能成功。因此也可發現，一旦在幼兒時期習慣說方言，到長大而欲說標準語時也會遭遇許多重大的困難。

對於某些人而言，他們一生都無法超越方言的束縛。在國內也有不少人認為，對於居住於國內某地域的居民來說，方言就是該地的標準語，所以，也沒有必要強迫他們學習標準語，但就個人的想法，認為既然長大之後出社會，標準語是必要的工具，那麼，在幼兒時期就學習標準語，以後就用不著那麼辛勞的去苦學了。

社會一般對幼兒教育的大誤會之一，就是認為大人普遍使用的東西，幼兒難以接受的想法。因此大人以幼兒語和孩子交談，或以緩慢的速度交談以期幼兒能夠理解。幼兒用的童謠、童話以及玩具之中，妨礙幼兒成長的東西當然不在少數。

考慮到對象是幼兒，所以，對歌曲或話語、故事加以人工性的潤色，反而導致幼兒頭腦的混亂。優良的童謠、童話是極自然的東西，無論大人或小孩都能夠理解

才對。

只要It-is-a-pen式的教育方法存在一天，國人就永遠沒辦法掙脫英文恐懼症的束縛。希望國人此後越能把英文像中文一樣地閱讀、聽、說及書寫。教導幼兒期的兒童「正常的英文」是順應此道的捷徑。

父母要注意開發學前孩子的智力，開發孩子的學前智力，並不是讓孩子在上學前多識字、多背詩詞、算國小低年級的算術題等，而是要充分發展孩子的注意力，記憶力、想像力、表達能力等。

幼兒自我超越幼兒語更具意義

幼兒教育兩大目的在於智能的開發和養成自立性。要達成此兩項目的，除了一方面給予幼兒生理性和動物性的刺激外，另一方面盡可能使幼兒抱持興趣，同時讓幼兒自己選擇接受那些刺激。此兩種手段雖然被認為是無法相容的，但如果這是隨著孩子的成長階段而必須應用的方法，那麼，相信兩者間必然能夠互相溝通，達到

更大的效果。

無妨以幼兒語為例來看這件事。幼兒開始學說話時，大多使用所謂的幼兒語，因此大人深信，如非使用幼兒語，幼兒絕無法理解，所以用幼兒語和孩子交談。但隨著幼兒的成長，雙親們卻開始要求孩子捨棄幼兒語，用大人的言詞談話。而幼兒也能豪爽地答應雙親的這種要求，但幼兒能以大人的正常語言說話，是由於日常生活中，每天聽到大人的會話的結果，如果大人永遠使用幼兒語說話，相信幼兒永遠不可能超越使用幼兒語的範圍。

如果情況真是如此，那麼，母親們為何不經常用幼兒語和幼兒交談不行呢？用大人的語言和幼兒交談也未嘗不可，其證據就在這兒，與其自然地等待幼兒能說大人語，倒不如把「大人語」在以一種「偶像」深植於幼兒腦中，如此一來，幼兒必能早日會說「大人語」。這就是生理性的刺激。

像這樣地把大人語固定於幼兒頭腦中，隨著幼兒語言機能的發育，相信幼兒自己也必定積極的努力想從幼兒語中掙脫束縛。如幼兒腦中沒有定型的大人語，則雙親必須經一番艱辛的努力才能使幼兒超越幼兒語，不經由雙親的矯正，而以自己的

努力超脫幼兒語，才越見幼兒的成長，因此早日構築基盤，才能確認培育幼兒的自主性。

從這兩方面來看，智能的開發和自主性的育成之間絕不互相矛盾，就像車子的雙輪，在互助合作之下，最後同時抵達兩個目的地。用刺激這個刺激性的言語，或許容易引起讀者曲解其意義，各方面而來的刺激，擔任著創設幼兒自主性成長的基礎任務。

為了更好地與幼兒對話，必須先了解幼兒學說話的一般規律，再掌握與幼兒對話的藝術，這樣就能順利地與幼兒對話。

雖然有人認為，幼兒說話的早晚與其基因有關，但是，一些研究證明，幼兒很早就能夠學會說話，還能夠分辨不同的語言。

美國心理學家萊拉・格萊特曼說：「嬰兒約在十八個月以前，大致每三天學會一個單詞。即使到了十八個月，嬰兒對自己所說的字是什麼意思也還有些朦朧。但一歲半的嬰兒就開始用兩個字組成簡單的句子。」因此，嬰兒學說話有一定的規律。

使肌肉活動同時能讓頭腦活動

據專家研究，讓孩子運動有許多好處，如能夠增強孩子的消化吸收功能；促進新陳代謝；提高孩子對外界氣候變化的適應能力和對疾病的抵抗力；促進孩子智力發展，加快腦細胞的生長發育；有利於嬰兒對營養的攝取；增強孩子的獨立能力和自信心等。

法國某小兒科醫生說過：「從治療學生骨折的數量上就可看出一個學校的好壞。」不過大家可不要誤會，並不是學生受傷人數少骨折次數少的學校是好學校，相反的，這位法國醫生認為學生受傷越多的學校越優秀。

每天光是死勁的埋首所謂「用功讀書」，正值急速發育期胃口奇佳的小學生，卻沒有閒暇可以活潑的在運動場上奔走，鍛鍊體魄的反常現象，似乎無論東西方皆然。這位法國醫生哀嘆道：埋頭啃書的時間多，其他的時間則稍微粗暴狂熱地在運動場打滾飛奔，當然免不了會有一兩個受傷的情形出現，但在那些「實在不太好」

的學校裏，即使隨時想準備治療傷者也沒生意上門。

這是評論國小良否的問題，但其中有兩點和幼兒教育之間有深厚的關係。其中之一是為什麼非要如此地「偏重於智育」教育呢？當然這非得找出幼兒期的教育原因不可。另外是一味地追求「智育」，而荒廢了肉體的活動，結果刻意追求的「智育」最後仍無法順利的完成，無論多少的幼兒都和這兩個問題息息相關。

就最初進入學校辛苦求學的原因加以探討，僅就本書一再舉例說明的語學教育例子來分析，相信立刻一目了然。

如在反覆訓練也不感到痛苦的「偶像時代」裏固定於頭腦中讓其定型，等到學齡時期上學吸收知識就用不著那麼辛苦了，就像明辨其他的教養和社會法則，就能妥當無誤地應用在現實社會的各種場合上是一樣的。

接著談談身體的活動，究竟如何致使腦部的作用更加地活潑。偶爾會有人說：「運動時全身充血，頭部血液循環則因此惡化。」這些人認為肉體的發達和頭腦的發達完全是兩回事，更嚴重的錯覺就是深信肉體和頭腦的發達是完全對立的存在關係。

某體育心理學家所做的一項實驗，該可以有效地反駁上述的俗說。他為了調查幼稚園兒童的精神狀態，因此定期實施性向測驗檢查。結果發現在運動會的季節中，其速度大幅度的增加。他說明幼兒的運動敏感地在大腦中樞反射，有促使神經活動活潑化的作用。簡單的說，就是活潑的運動能促進頭腦活潑地活動。

同樣身體的活動，近年來最受矚目的是手腳方面，特別是手指的運動。指尖的訓練能夠給予腦細胞良好的刺激，這件事早經由學習小提琴、鋼琴等的孩子中多屬腦筋特別優秀的孩子的事實中發現了。

人類被稱為萬物之靈，而且能夠獲得高度的智能，是因為人類能以雙腳站立，且兩手可以自由地活動。換句話說，因為人類能命令兩手自由的做任何事情，所以能夠完成其他動物所不能做的許多複雜作業，而同時經由這些手部的活動，使頭腦飛躍性地成長。如檢查支配我們肉體各部分的大腦領域，可發現活動手部、臉部和肌肉的領域較身體其他部分更為寬廣，由此也可見頭腦的發達和手指運動間連帶關係了。

運動雙手不僅利於強身，而且利於健腦。中醫學上說：「手是人體十二經絡的

起止點，手上有許多穴位。」現代醫學也證明雙手是神經末梢最為集中的部位，而且人體五臟六腑在手部都有各自的反射區。運動雙手使每個穴位、反射區得到刺激，每塊小肌肉群都得到運動。

由經絡感應和升溫效應，可以對人體神經、微循環、消化、呼吸、泌尿等八大系統產生影響，暢通全身氣血、增強心臟輸出血流量和回收速度，促進新陳代謝。手指運動對大腦神經的直接刺激，大大促進神經反應和智能的開發，對成長中的幼兒有所助益。

觀察幼兒手指運動，可發現幼兒手指最先除了握住母親的手指或摟住外別無其他能力，但隨著成長，逐漸地能經由使用湯匙到筷子，從按鈕到結釦子，和手指活動平行前進的頭腦活動也同樣活潑地進步。

從手指運動的重要性著眼，也有學者獎勵折紙遊戲等複雜地使用手指的遊戲，以期拓展幼兒腦部的發達。進行複雜的作業而不出差錯，必須要絕對集中精神，一步一步地照程序來。複雜的手指訓練，同時也能訓練幼兒的集中力和忍耐力。並不只是手指的運動而已，健全的身體才有健全的頭腦。

孩子不是「教導而育成」，而是「記住而育成」

日本有個算術教室，在全日本擁有三十萬人以上的會員，同時每年也有近兩萬名的孩子入會。這就是日本算術教育的公文公所主持的公文數學研究會。

研究會對兩萬名學童進行調查的結果，完全理解國小六年間所學習的算術的人，僅占百分之六，請教日本文部省的高級官員，答案仍然同樣。事實如此，而且每年有這麼多的孩子到數學研究會求救來看，日本教育界大概不會對這個教室的存在坐視不管吧！而令人更感到驚訝的還不僅於此，本來以為在算術教室指導的都是擁有特別技術的老師們，但相反的，在全國數千個算術教室裏的指導人，卻都是普通家庭的母親們。

非算術專家也非教育學的權威，只是單純的一個母親，為什麼能在一年內使程度落後三年，被學校形同放棄的學童趕上他人，並且超過其他同學呢？

簡單的說，因為此算術教室的教育方式和教材，是配合各個孩子最容易發展的

自然性課程教導的。此教室絕口不提所謂數字的概念及算術意義的理解等麻煩的教材。而是把各個孩子認為最徹底最簡單的計算問題，讓他們反覆練習機械式、反射式地回答而已。

就如不斷反覆強調一般，教育的起步，與其據理說明使孩子理解，倒不如機械式地重複，形成偶像而固定於腦海中，方能使日後的進步和成長更隨心所欲，也更為快捷。而且能夠簡單明瞭地反覆回答的問題，對於孩子而言絕不是痛苦的事，只要是能使孩子不感痛苦，愉快地回答，當然身為指導的人根本不需要特別的技術。

例如，九九乘法就是最優良的偶像教育範本。「二三得六」、「二四得八」、「四八三十二」、「五七三十五」等等類似唱歌的文句，機械式地固定於腦海中，至於為什麼二三得六那就完全毫無關係了。

「公文公」式的觀念，大概是認為此種九九乘法的理念可適用於一切的計算。小時候像唱歌似一天到晚唱個不停的九九乘法，在大人的頭腦早已牢不可破，應用起來也相當方便，就如同日常問候語那麼簡單。就算其他的計算方面，如基礎性的東西能夠機械式、反射式地回答，以後更高級的算法必也能輕鬆泰然處之。

算術和語學不同，或許無法從出生就開始學習，但只要採取偶像方式，其起頭必能較目前所想的更早。

優秀的教育實踐者都有其共通點。某專家常說：「無論什麼樣的孩子都得因材施教。」教育的真正要諦就在這兒。就像公文公的教育方法無需擁有特別技術的指導人一樣，幼兒即具有自己成長、自己學習、自己發展的特殊能力。如同前述，在教室中欣賞兄姊上課的幼兒，也逐漸無師自通一般，在公文公的教室反覆練習簡單算術題目的孩子，最後必也要求老師們提出更困難更高級的問題。

他們絲毫不考慮把技術教導給學生。萬一在練習的途中遭遇某個問題時，即使把那個問題用「因為是這樣所以此處應該那樣」式累贅地說明，也只能使孩子在當時了解那個問題，以後再碰到問題時，他們同樣需要從頭再解釋一遍。

在這種場合，專家幾乎完全一致地都把問題引回原先更容易的地方反覆練習，讓孩子在不知不覺中順利地通過那個困難點。

某老師的方法是每次的練習都從「小星星亮晶晶」等最先也最簡單的地方開始，使孩子不致遭遇這種問題。無論累積多少訓練經驗的學生或老師們的練習，都

同樣地每次從最簡單的地方練起。公文公每次的練習問題也經常是回到前階段的簡單部分，邊反覆復習邊往上更進一步。這種卓越的教導方式並非強迫教導，而是以能使孩子自己吸收的方式漸進。

我們從來是否已把「教育」這件事解釋成「教導而育成」呢?教育並不是「教導而育成」，而是要讓以自我的力量「記住而後育成」來得恰當。「教導而育成」也就是把大人已擁有的東西移植給孩子而已。

不是「教導」，而是應反覆的練習讓孩子「記住」，如非依自我的力量「成長」，永遠沒有辦法造就比雙親、大人，以及比從前的人類更超越、更大幅度飛躍性的人類。一再強調的人格的問題、能力的問題等也是如此。

大腦細胞的能力是需要鍛鍊才能逐步增強。科學家證實，勤用腦者，神經發達。「用進廢退」的理念，正好說明人腦，多用腦子好處多。如果長期不用腦，已獲得的能力也會減退。

讓孩子用腦思考，用手實踐，可以促進孩子的智力發育。專家認為，手和腦有很密切的關係，孩子的雙手掌握技巧越高明，就表示他越聰明。

第三章　興趣能讓孩子成長

——美好的養育即是意欲的創造

「壓迫時期」和「訴之興趣時期」應按順序交換

心理學的大量研究證明，成熟是兒童學習的基礎，在兒童的成熟未為相應的教育做好準備以前，有關的教育是不會收到效果的。試驗證明：二～三歲是兒童學習口頭語言的關鍵期，四～五歲是兒童由聽朗讀來學習書面言的關鍵期，四歲以內是兒童形成形狀感和知覺的關鍵期。

前面論及在幼兒二、三歲左右時所謂的偶像時代中，無論幼兒的感受如何，母親都應將自信為優秀的事物強迫反覆地給予幼兒。

那就是為了在尚無任何好惡，呈白紙狀態的幼兒腦中樹立良好的「好惡」心理，也有需要以機械式的方法利用生理性，某些時候甚至可說利用動物性的觀念給予反覆的刺激，其結果必能獲致最良好的效果。

由於還不懂得喜歡、厭惡，所以絕不會厭倦或拒斥，就像海綿吸收水份一般，在這時期內幼兒無論什麼樣的東西都會完全吸收。

但是，稍微脫離完全嬰兒狀態之後，此種反覆施予的事物，立即出現了易於接受和不易接受兩種截然不同的結果。雖然只是極微細而漸進的，但是在孩子心目中已經有自我存在的意識了。當然，對於此時期的嬰兒而言，母親仍應把她認為優秀或想給予幼兒的事物照樣地給予幼兒，但是，到幼兒出現自我意識時，給予的方式就必須費上一番苦心。

此時幼兒身上除母親刻意塑造的好惡心理或興趣之外，或許幼兒也在不知不覺中自我建立了母親所不知道的好惡習慣了。這毫無疑問的是孩子成長的象徵，如果情況發展至此地步，那麼，單純地強迫或單調地反覆練習，再也無法滿足幼兒的需求了。

例如，前面介紹過的會話卡對於兩歲半左右的幼兒而言，是永遠反覆傾聽而不會厭倦的樂趣，不過一到三、四歲的時候，「永遠百聽不厭」這幾個字再也不能適用了。旺盛的好奇心，再加上活潑的行動力的此時期的幼兒，再也不會安分守己地停頓於某個固定的處所了。

像這樣依照自己的趣味行動，對毫無興趣的事物立即厭倦的已擁有自我意識的

幼兒，必須要有適應他們的接觸法。當然如同前所敘述過，我們不可能在某天或某時立即轉變此時期進入另一時期，但從零歲到一歲、兩歲、三歲、四歲等成長程序之下的嬰兒，非得以明顯相異的思想法和他們接觸不可。

換句話說，無論是拓展幼兒能力或開發幼兒的教養，利用強迫式的反覆練習，在幼兒腦中烙印著深厚的印象。另一方面也需考慮到幼兒心中逐漸衍生的興趣或好惡，依幼兒的意思而行，並巧妙地控制這兩者，然後更需把雙親認為良好的事物灌輸予孩子。在本章，就針對剛萌芽顯示興趣能力的幼兒，應如何採取對策以拓展幼兒的能力加以說明。

在「壓迫時期」中已萌生好奇心了

在前項中，已明白地區分了「強迫時期」和「訴之興趣時期」之間的區別。但在「強迫時期」中，幼兒果真完全沒有任何「興趣」嗎？當然，如同我們反覆論述般，零歲開始的短暫時間裏需毫不考慮的強迫灌輸，同時這也是強迫的合適時期，不過此時期中也有類似興趣或好奇心的心理。

普通來說，剛出生一天的嬰兒眼睛是看不見的，據美國心理學家布魯納博士的研究指出：「即使是剛出生的新生兒，也能對某些特異的東西而轉動視線。」例如，讓剛出一天的嬰兒看白紙，追蹤嬰兒視線，可看出其視線焦點無法集中於某固定點上。而拿輪廓分明的正三角形給嬰兒時，可確認嬰兒的視線集結於三角形的頂點附近。此外，例如嬰兒漠然虛視四周的動作，對此動作加以詳細地分析，可發現該動作中包含著區分遠處東西和近處東西的動作作用在內。

除上述的實驗之外，我們都知道嬰兒的視線會移向發光的物體上，或臉部轉向出聲的方向。僅就嬰兒對刺激的反應，尚無法立即判斷孩子的好惡或興趣如何，所能知道的僅止於剛出生的幼兒，也有類似的好奇心。因此，我們很容易的可以想像此種生理性乃至於動物性的反應和興趣，好惡之間仍有某些關連。

而嬰兒此類最基本的好奇心，可否有效的利用，加以積極的教導或訓練以期達到某種成果呢？我認為在各種形態的刺激之中，有必要對嬰兒最容易反應的事物加以留意。最初無論聽什麼聲音都絲毫沒有任何反應的幼兒，到某天突然對每天所聽

的音樂顯示出某種反應，這時就是興趣或好惡心理最早萌芽的時期。

因此，「強迫」方法和「訴之興趣」的方法之間，並非永遠只注重一方而已，而需在一方減弱時增強另一方，以曲線圖描繪，就如同×狀交叉的關係，逐漸改變互相間的比率。即使沒有興趣也沒有反射作用就是「強迫時期」的特徵，因此，假設找出好奇心或興趣的片鱗半爪，有必要加以充分的應答。

德國心理學家安格利卡・法斯說：「小孩自願做的和給自己帶來樂趣的事情，實際上可能是提前發出他們有這方面天賦的興趣。」因此，如果父母仔細觀察幼兒潛在天賦的信號，就能夠發現幼兒的天賦，並進行開發。

孩子顯示興趣時勿使其中斷

在強迫時期中也非注意不可的是，幼兒的好惡或意志的微徵，首先以快樂或不愉快的反應表現出來。無論那位母親都對幼兒肚子餓或尿布濕等生理面的變化相當敏感，但對不愉快或快樂等精神面的變化卻意外地都未曾注意到。

例如出生兩、三個月以後，嬰兒對韻律節奏已顯示出清晰的反應。聽到自己喜歡的節奏時，會晃動手腳，顯示「愉快」的表情，但遇到自己不喜歡的音樂時，情緒則顯得煩躁而開始哭泣。有個一歲大的孩子是個古典音樂迷，只要聽到古典音樂就手舞足蹈欣喜異常，但一聽到爵士樂即開始哇哇大哭。

如沒有留意到幼兒的這種「意思」，等於是大意地剝奪了幼兒好不容易才表現出來的興趣，可能在精神面的成長留下不良的影響。但母親們卻很少去留心為什麼自己的孩子突然手舞足蹈，或為什麼突然哇哇大哭。因此，母親們常以自己的利益和方便，中斷嬰兒表示興趣的音樂，或播放嬰兒所厭惡的音樂，摧殘了好不容易才成長的嫩芽。

這並不僅限於幼兒對音樂的好惡而已。有時候正常幼兒興致盎然的對某事物表示興趣時，卻因換尿布時間或授乳時間到了等原因，而中斷幼兒的興致。如果孩子能說話，他們必會立即阻止「再等一會兒嘛」，就由於孩子無法以語言表達，因此，碰到這種情況時大多以拼命地揮動手腳來積極表示他們的意願。

幼兒正熱衷於他的玩具時，忽然因客人來訪而拿走玩具，會使孩子對該玩具的

興趣大為減低。假設興趣是培育孩子能力的最優良營養劑，無論在飲食生活方面多麼地細加關照，但中斷幼兒的興趣，卻有可能導致精神方面的營養失調。

無論是在換尿布時間或授乳時間，如果孩子正專心於或進行著某件事物時，母親應仔細觀察孩子當時的狀態如何，至少不要中途阻絕了孩子的興趣。當然最恰當的觀察家非母親莫屬，除了母親之外，大概沒有人能夠明瞭幼兒揮動手足或哭泣等「嬰兒語言」所代表的意義。

希望大人們理解積極地培育幼兒興趣的重要性，以及反面的行動，將會對幼兒留下多麼不良的惡劣影響。

幼兒對偶像玩具先顯示興趣

我們常說，孩子除大人替他們準備的孩子用玩具之外，孩子也常在許許多多的事物之中找到他們「自己的玩具」。從倒翻向上的桌子，已經失去時效的舊電話簿、糖果盒、碎木材到各種他們能到手的東西，幾乎可以說都是幼兒的玩具。

對於孩子來說，他們並不會區別玩具和其他東西的不同，但是，比起那些一開頭就決定需這般玩法的既成玩具而言，孩子能在非既成玩具的其他東西中發現，各個使自己能享受樂趣及可遊玩的部分，並經由頭腦活動而培養創造性。當然即使是既成的玩具，孩子也能依他們愛好的方式去玩耍，因此也能夠培養創造性。

有個圍棋高手認為幾乎大部分的孩子都對圍棋抱著相當濃厚的興趣。但並非是對圍棋比賽感興趣，而是對圍棋子抱著強烈的關心。據說他的孩子其實也擁有各色各樣的其他玩具，但是卻還要到下著圍棋的爺爺身邊摸摸棋盤上的棋子。

因此他依孫兒的興趣將棋子給他，孩子不僅用手將棋子搖得嘩啦啦響地玩著，還把黑白子分開，排成各種形狀，或當彈珠玩彈珠遊戲，看樣子像比真彈珠還好玩似的，變化著各種花樣。

從此現象加以分析，在其他各色各樣的玩具之中，沒有比圍棋子更適合「偶像時代」的幼兒做「偶像玩具」。一個個黑白分明的棋子，不但大小都相同而且形狀單純化，經由排列組合可出現更新的各種形狀並可立即消失。由於各個棋子形式單純，因此，適合聚集創造新形狀。新的形狀完全是一種偶像。孩子可把棋子當成自由的材料，而享受各色各樣的創造活動樂趣。

經由這樣的棋子遊戲，或許也有孩子因此對棋子原本任務的圍棋抱持濃厚興趣也說不定，透過此種經由視覺性偶像媒介的遊戲，從數量、形狀、造形等方面，有可能更大幅度地擴張頭腦的創造性。

孩子都喜歡玩具，妳的玩具，不僅能吸引孩子，給孩子帶來快樂和智慧，還會使孩子在擺弄玩具的過程中，使其身心都得到健康的發展。

玩具設計家、教育學家尤金・普羅文佐說：「要考慮孩子的基本興趣，使你買的東西是孩子真正想要的。」父母在為孩子選購玩具時，一定要考慮到孩子興趣，必須是孩子想要的，否則，所選購的玩具，孩子就不會玩，更發揮不了玩具的功能和作用。

父母為孩子選購什麼樣的玩具，一定要遵循適合孩子年齡的原則。嬰兒的玩具一般宜選購有響聲或顏色鮮艷的玩具，而年齡大一些的孩子，則選購著重於智力發展方面的玩具。

德國教育家富魯培爾曾說：「玩具是兒童的恩物。」在孩子心目中，心愛的玩

具是寶貝，是生活中的伴侶。父母除了為孩子選購合適的玩具之外，還要更好的引導孩子玩玩具。

據墨西哥的統計，墨西哥每年因孩子玩具問題發生二十萬起事故，其中有三萬起事故造成受害孩子不得不住院治療。因此，不買有毒玩具，玩具定期消毒等即是父母應注意的玩具安全問題。

破紙門也是孩子興趣的對象

從前踏進日本人的房子裏，只要看到破破爛爛的紙門跟髒兮兮的榻榻米，就可推定此家庭必有年紀還小的孩子。但近年來，不知是年輕的母親們特別愛乾淨，還是小孩子不再調皮搗蛋，所以無論走到誰的家裏，都看不到這些髒亂現象，反而收拾得一塵不染。

就身為母親的立場而言，窗明几淨的房間是舒暢的生活空間也說不定，但對孩子來說，這樣的房屋真的是暢快的環境嗎？我們知道，人類原本以自己的雙眼彌補

不足的資料量，具有發現自我解釋意識的才能。

最典型的例子就是自古留傳下來的「猜謎畫」，我們從此類畫中畫得毫不起眼的黑白色斑點中，尚可發現人臉或狗的形狀。像這樣看看某種對象而能夠發現自我解釋意識的能力，稱為「偶像認識的能力」，不用說幼兒身上最富有這種能力。

嬰兒出生後，最初認識的偶像是母親的臉，嬰兒把周圍的所有事物當成一個偶像捕捉，並且一方面發現自我解釋的意識，同時促進自己在智性能力方面的發達。就是大人眼中破爛的紙門或骯髒的榻榻米也不例外。或許幼兒可從破紙門發現出大人所無法想像的奇特意義，而發展一種智性的遊戲。

僅以大人感受的好惡就奪取幼兒興趣的對象，是否很好呢？特別是熱衷於教育的母親，更以危險、不清潔為理由而把房間內收拾得整整齊齊，但要知道太過乾淨的房間就如同讓幼兒腦中一片空白一樣的空屋。

偉大的藝術家都是從平凡人所忽略的某種形狀中觸發靈感的。曠世奇才達文西曾對想學繪畫的人做如下的忠告：「在混雜著污土或石礫的髒亂牆壁上，去發現各色各樣形狀的山、河或風景、人物的樣子，是增進本能、放寬視野，並想出各種主

意的絕佳方法……。」

對於身為比其他任何人更優秀的藝術家的幼兒而言，破紙門或髒污的榻榻米，或許是較任何玩具更能培養直觀力的對象。收拾整頓這些東西，等於是阻隔了幼兒無限探求心和創造力的機會。我認為，散亂破舊的房間，比整頓清潔的房間，更能引發幼兒的興趣和啟發智慧。

大自然是孩子生活、活動的天然場所，又是孩子學習的好課堂。父母要多讓孩子在大自然中增長知識、開闊眼界、啟迪智慧，以發展孩子的觀察力、思維力、想象力和語言的表達能力。孩子都有好奇心，父母絕不能扼殺孩子的好奇心，而要多加保護。

誘導興趣是學習的原動力

日本木村久一所著的《早教育和天才》一書是全日本最優秀的幼兒教育論述之一，該書中所介紹的關於德國法學家卡爾威迪在十四歲以前所受的教育的實踐記錄

一節，更可給予我們各方面的啟示。威迪的父親所親記的記錄在十九世紀初首次公諸於世，但當時幾乎沒引起任何人的矚目。因為當時是深為早期教育有損幼兒健康的俗說所惑的時代，所以也難怪無人肯採信，但經由科學上的研究而打破各項迷信的現代，有必要重新正視這項實錄。

基於「幼兒的教育即使再早也不致過早」的堅強信念，威迪的父親積極地培植他正確的語詞和知識。其中他父親在教導讀書時採取很有趣的方法。

他首先把圖畫書的內容講解得非常生動有趣，然後告訴威迪：「如果你會讀書，就能夠完全看懂這些故事書的內容。」以刺激威迪幼小的心靈。他更進一步完全不講圖畫故事的內容，而僅跟威迪說：「這本圖畫書非常的有趣，但是我實在沒有時間講給你聽。」

因此，幼小的威迪無論如何一心想學習認字，他父親逐漸誘導威迪的興趣，一旦教他認字時，就如同海綿吸水般地吸收。

我之所以注意這項紀錄，是因為本書一再提及的鈴木鎮一不約而同的把十九世紀的教育方式實踐在現代的幼兒教育上。

鈴木的教室裏，最初並不讓那些由母親帶來的幼兒接觸小提琴。開頭的一段期間內，只讓他們默默旁聽包含比自己還小的兒童在內的孩子們上課。如此一來，孩子不久也想嘗試自己拉奏而極欲接觸小提琴。但鈴木仍不會把琴交給他，只是用錄音帶或唱片播放那首曲子給孩子聽，有時則用不發出聲音的小提琴講解基本的姿勢和演奏法。這樣經三、四個月以後，孩子更意欲彈奏小提琴。這時候恰巧正如滿弓射箭的瞬間般，第一次才讓孩子接觸小提琴。

像這樣不但讓他感受興趣，同時誘發興趣，使孩子的進步眺望到遠處。鈴木音樂教室裏二、三歲的幼童能輕鬆地演奏艱難的曲調，而被全世界的人稱之為奇蹟，但此項令人驚異成果的秘密就在於誘發興趣的指導法。

歐洲高智能委員會主席瓊・弗里曼說：「父母們應該努力把家裏變成一個學習中心，這會使孩子在這樣的環境裏學習是一種樂趣。」

如果父母不能為孩子創造一個歡愉的學習環境，孩子對學習就不會感到興趣，甚至於認為是負擔，是苦差事，那就很難發展孩子的潛在智能。

意欲創造的巧妙性關係培育的成敗

前面說過，即使是幼小的孩子也有其自我的意願，尤其是興趣才是培育智性能力的催進劑。當然幼兒的興趣和母親的興趣截然不同，如對幼兒顯示的關心事物抱著單純啦、荒謬啦等想法而棄之不顧，等於是把催進劑變成抑制劑。古來所說的「褒獎更勝叱責」一詞是使幼兒產生興趣的技術之一，這是知易行難的事，也使雙親們煞費苦心。

實際上褒獎比叱責更困難的程度，我們在每天的工作中都可切身體會得見，經營學上所說的「士氣」一語，也可以說，停頓的現象是在於經營者的意欲創造上。可能這麼說雙親們又會罵我不要把孩子和大人混為一談，但意欲創造的巧妙性如何，關係到育兒和培育員工的極意。

無論叱責或褒獎，其主要的問題在於順序如何。褒獎後再叱責，叱責後再褒獎、褒獎後任其所以，叱責後任其所以，視方法應用如何，孩子對事物競爭的意欲

也不大相同。撇開其他兩種不談，培育幼兒的意欲似應從「褒獎後叱責」上著手，但是雙親們大抵光注意缺點，而先從叱責著手。

褒貶方式經常令人深受感動的是對於褒獎、叱責的獨到技巧。無論在什麼樣的場合，都先以「做得相當不錯」的稱讚開頭，然後再說：「如果能夠去掉壞處就更完美了。」這樣的規勸，孩子會對被褒獎的事留下強烈的印象，同時也能誠心地接受他人對自己「壞處」的指責，但卻也能以自我的意識拼命地想把壞處去除。如母親一味指責孩子這個不對、那個不好，只能使孩子對壞處留下強烈印象，以後再如何地褒獎，孩子當然不會誠心地接受。

諸位無妨仔細分析看看，到底先褒獎有效還是先叱責有效。

意欲創造的巧妙與否和孩子的能力或正比，因此，母親應先基於情感上樹立孩子的興趣。幼兒期的特色是一旦抱持興趣，就能把興趣成幾何級數的增加。奉勸諸位無妨試試此方式，先極力讚賞孩子各方面的優點，而把應叱責的事留待最後一句。

對孩子的好行為應該予以褒獎。為此，應該對孩子的行為定下簡單的目標。必

須注意哪些行為應該褒獎，哪些行為必須加以勸阻、叱責。

父母在叱責孩子時，語調要比平常說話語氣低沈。因為低沈的語氣能令人感到理性的存在，使親子都能冷靜下來處理問題。低沈的語氣還可以防止孩子哭鬧。

「討厭……」由雙親無責任的語言所產生

據說歐洲的幼稚園洗手間內，必定都有放出熱水洗臀部的設備。這是老師們顧慮到孩子還小，偶爾會有「尿尿」的現象，萬一被其他小朋友知道，是件羞人的事，所以有此設備。

說不定有人認為羞恥心只是大人的感覺而已，但卻沒有任何人會比剛開始逐漸了解自我存在的幼兒，對羞恥更加地敏感。

一位朋友的兒子有第三者在場的時候絕不上洗手間，那是因為三歲左右時「尿床」，而雙親卻在他人面前當眾指摘他。或許雙親是無意中脫口而出，但據說直到上小學為止，那句話仍變成孩子心中的陰影，為了改正這孩子討厭洗手間的心理還

費盡了心思。類似此類例子真是不勝枚舉，因此，可以說幼兒：「討厭……」是因為幼兒期大人無心的語言所導致的。

有位幼童，由於畫圖老師一句：「這是畫什麼嘛！」以後，這孩子變成討厭繪畫，從小學、國中、高中直到大學，從來沒有再拿過畫筆。

此外，也有孩子具有宛如幼稚園生的寬宏音域，但卻從來不肯唱歌，調查其中緣故，最後終於明白，因為孩子在兩歲左右於家人面前唱歌時，三杯黃湯下肚的父親竟說：「這個孩子是個音痴」而引起。據母親證實，從此之後孩子完全忘卻歌唱。我們可以說，由於父親一句無心的話，使孩子變成討厭音樂的人。

就像上述的例子，雙親或身邊周圍大人們的無心之言，都會使孩子喪失音樂、繪畫、運動方面的萌芽，並剝奪孩子對音樂、繪畫及運動的興趣。對正面的興趣深加培養的父母親們，往往遺忘了培育負面的興趣。由此可見，大人們簡直過於無神經，這是精神分析學鼻祖佛洛伊德所指責的。

以純白狀態出生於人世的幼兒，其能力的發展和大人的意欲創造有深切的關係，而欲積極地培育此種意欲。除褒獎之外，切記同時也得避免貶責。我們常可見

到雙親疏於注意，誤認為孩子不懂語言意義所脫口而出的無心之失，往往在孩子的前途上投下極大的陰影。

父母管教孩子，如果管得過於嚴厲，久了，孩子就成了唯命是從，成為缺乏主見的木頭人。沒有創新精神，老是被動，不能自主更生。因此，應鬆緊適度，嚴而有格，嚴而有度。

切忌對孩子下命令

如欲把自己的孩子造就成優秀的孩子，必須經常地積極努力不懈。應嚴格時就得嚴格，應尊重孩子的意思時必須絕對地尊重，這種育兒教育方式，希望天下的母親應勤加學習。

一位母親對正要入浴室的三歲孩子詢問：「上衣放在什麼地方」、「接著是褲子」、「襪子放在最上面哦」時，讓孩子自己把脫換的衣服排列整齊。孩子肯乖乖聽吩咐的原因，是母親絕不使用命令口氣，而採用「依賴」的型式，尊重孩子的自主性。

無論採取直接的命令型式或間接的依賴型式，在雙親的立場來說，仍是一種對孩子強制的語氣，但站在接受一方的孩子心理上卻有天壤之別。被命令時想反抗，受依賴時則願接受，是人類自然的心理結構，因此，在培育孩子積極的自動自發精神上，還是應用依賴型式鼓勵方屬上策。

大部分的雙親在同樣的狀況下時，或許較常用：「把上衣放到衣架上去」的命令口氣，命令的結果剝奪了幼兒的自主性，相反地增強他們的依賴心理。雖然結果孩子都會把上衣放到衣架，但從其後的教育結果著眼，的確是有天壤之別。

世上的雙親們，甚至把命令孩子看成是身為母親的權力之一，但受命令後的行動，只有徒然從行動中剝奪了濃厚的興趣而已。常受命令的幼兒，到頭來如非大人命令，自己完全沒有能力完成任何事。

父母要經常支持孩子大膽去做事。因為人類只有極少數的天性本能，而大多數能力是靠父母的培養、教育和學習而獲得的。有些父母總是怕孩子受累，不讓孩子去做事，這樣就有礙於孩子的發育成長。

對孩子所做的事說些高興的話，少批評

母親對孩子如何批評是使孩子喪失意欲的原因之一。母親們看孩子所繪的圖畫或聽孩子唱歌時，「好棒哦」、「好難聽」的批評很容易脫口而出，但並不是好的批評培育意欲、壞的批評喪失意欲，而是批評變成了喪失意欲的原因。

此事並不限於孩子，俗云禮多人不怪，絕不會有人受誇獎而生氣，但沒有人比幼兒更具有立即識破母親的「客套話」的直覺能力。

或許是受了誇獎比斥責更能培養孩子的意欲和興趣的俗說影響，因此，認為無論孩子做什麼事都應加以誇獎的母親不在少數。看到圖畫就說：「好漂亮哦！」聽到唱歌則說：「好棒哦！」似乎只要加以誇獎孩子就能發展能力，但孩子敏銳的直覺力卻能識破那是母親的「客套話」。

由於大人心中認為誇獎，能使孩子致力於被誇獎的事物上勇往邁進的觀念過深，所以他們認為如不誇獎，很可能造就出一個不誇獎就不做事的孩子。不被誇獎

而不滿的孩子絕不會進步。因此無論孩子做什麼樣的事都以大人的尺度批評孩子，若非這樣，孩子可能會失卻自信心和努力的勇氣！這是一般人的想法。但絕不是樣樣正確地批評孩子所做的事，在應誇獎時誇獎，應責罵時則責罵。

經常令人深感不解的一件事就是，母親們為什麼非以自我的評價批評孩子所做的事才能感到滿足呢？孩子真正想從母親那兒得到誇獎時，絕不是「好」、「壞」的評價，而是出自母親內心真正高興的語言：「太好了。」無論好壞與否，只要孩子自己做的事能讓母親高興，才是提高孩子意欲的最良催化劑。

孩子也必對母親高興的語言表現誠意的反應，且對自己所做的事感到高興。雖然誇獎的確也能培育孩子的意欲，但其中如加入「客套話」就收到反效果了。因此，母親對孩子做的事真正高興而說的「太好了」，才是最正確的「批評」。

對孩子的意欲創造方面已有定論的鈴木鎮一也說過類似的話。無論孩子演奏得多糟或方法再亂，鈴木絕不向孩子說出：「不錯」或「不行」的批評。每次鈴本在學生拉完小提琴時所說的是：「拉得很努力、拉得很努力」的高興語言。而孩子一聽就顯示很高興的樣子，所以鈴木再自己做示範給孩子看：「你可以再這樣子拉琴嗎？」兩人同時拉奏練習，最後讓孩子獨自彈奏，這就是鈴木的指揮方法。

這樣孩子就能以自我的意欲和小提琴競爭，就像前面所說的，自然能矯正「不好的地方」，於不知不覺中完全能正確地演奏了。

某天在現場參觀鈴木指導方法的一位母親，據說曾這樣質問鈴木：「老師常說客套話不適用於孩子。但這個孩子演奏的亂七八糟你卻誇獎他拉得很努力、拉得很努力。難道即使謊話也要誇獎孩子嗎？」

對這個質問鈴木做如下的回答：「我絕對沒有說謊。因為有些孩子即使你叫他拉琴他也說『不要』而不肯拉，但你的孩子卻肯乖乖地拉奏，因此我才說『拉得很努力』，表示我很高興他肯拉琴，但我並沒有特別誇獎他拉得很好。說不定到目前為止，孩子一拉奏小提琴就光是受批評的份。但聽到我說：『拉得很努力』必能讓孩子吃驚而更喜歡拉奏小提琴。也更高興！如不想讓孩子喪失意欲，就絕不要傷了孩子的心。」

同樣是誇獎，但誇獎所做的事情跟誇獎事後的結果，其間大有差別。或許母親們錯認只要誇獎事後結果就行了，但非誇獎不可的卻是孩子所做的那件事。誇獎事

後結果，其中當然包含著母親的批評在內，所以，使孩子在不知不覺中養成以受誇獎為目的的心理，因此，變得經常光是留意批評。對所做的事高興而誇獎討論，對哪個雙親或哪個孩子都是最簡單的事。然而，目前的學校教育最有問題的就是這種「批評主義」。

父母對孩子不適當地誇獎，同樣可以造成孩子的軟弱。誇獎是對被誇獎者行為的鼓勵和肯定，誇獎有著心理的強化作用。然而不適當的誇獎，會使孩子的行為向著不良方面定型化。孩子的早期行為定型，更容易持久，甚至影響終生。因此，父母在誇獎孩子時一定要恰當。

讓孩子抱持興趣也有必要善意的「欺騙」

無論讓孩子學習小提琴或學習艱難的國字，實際行動的是孩子。換句話說，進步之鑰握在孩子自己的手中，只有孩子自發性意欲行動的意志，才是伸展他自己具有的才能並開發頭腦的跳躍台。

事實上，孩子的確擁有能夠對雙親給予的刺激毫不加以抵抗而接受的柔軟頭腦，但出生後所接受的無數刺激之中，孩子的頭腦對討厭的東西也能予以排斥。我們已說過，在無數的刺激之中選擇優良的給予孩子，是做為雙親的最巨大任務，這點相信大家都已能了解。同時，更願在此處再次強調，領導孩子將該等刺激以興趣接受，也是母親重大的責任之一。因此，有時候善意的「欺騙」也屬必須。

就像討厭牛奶的孩子需煞費苦心才能使他喜歡牛奶一樣，只要母親有心想使孩子接受自己給予的刺激，就能逐漸開發幼兒的能力。在母親的各種努力中，有時也帶有某種善意的謊言！例如，不肯吃母乳的嬰兒給予乳房形的玩具（一種給嬰兒舔弄的膠質乳形玩具），也是使嬰兒對母親的乳房感興趣的一種欺騙方法。

母親們請教專家：「我家的孩子不肯吃飯要怎麼辦才好？」的事件層出不窮。而據專家說，每次都告訴他們：「雙親所能做的並不是硬叫孩子吃飯，而是讓孩子對吃飯有興趣。」對於不喜歡吃的食物孩子當然不會想吃。母親最重要的工作在於改換烹飪方法，或對選材下功夫，或更換碗碟的形狀、顏色等。如自己不設法改變而光嘆息：「我家的孩子……」，這是身為母親者的怠慢。

美國耶魯大學的兒童精神醫學科學的卡伊爾醫生說：「孩子們在家裏大多由父母來教孩子學會一點文字和遊戲，儘管孩子們能學會一點東西，但總也離不開父母這個『騙子』。」

本來所謂「欺騙」一詞的意義似乎是指對那些不肯聽話的孩子提起某方面的興趣，使孩子依照大人的意願行動，或許「欺騙」是對孩子不可欠缺的要素。優秀的母親和老師都是巧妙地運用「欺騙」技術，使孩子在不知不覺中轉心向母親或老師所希望的方向上。

或許「欺騙」乍聽之下都予人邪惡的感覺，但孩子都能迅速地識破惡意的欺騙。前節介紹過的鈴木鎮一的做法也是一種「欺騙」行為也說不定，但欲想使孩子進入圈套，除苦心和功夫外，同時尚需站在孩子的立場上觀察事物方能成功。

和母親在一起的「共同教育」可增加孩子的興趣

心理學家琳達說：「孩子們的世界是五彩繽紛、深奧莫測的，一切都需要耐心

和愛心。」因此，父母在用最恰當的方式來讓幼兒理解時，都需要有耐心和愛心。

優秀的幼兒教育法之一，而不致流於過度保護教育式或依賴教育的方法，可稱為「共同教育」，也願廣為推行。如同字面的解釋般，這種方法就是母親和孩子在一起「共同看電視」、「共同繪畫」等。

教繪畫的唐老師，常給予母親和孩子相同的題目，但要母子分開各自繪畫，這是他獨特的指導方法。從前一般人的做法是讓母親幫忙孩子畫圖，但這樣做只能養成孩子的依賴心，說不定會造成一個母親不在就什麼事也不會做的軟弱兒。

唐老師指導法的特徵是透過親子分別畫同一主題的繪畫，首先讓母親興奮。母親拼全力在畫圖的行為，不可思議地竟傳染給孩子，從來無精打采地塗鴨的孩子卻突然振奮精神，下筆疾揮。我們稍微想想就能了解，對孩子最重要存在的母親都熱衷於某事時，孩子必也同樣受到感染。或許全神貫注於畫圖的母親的姿態，是孩子無上的鼓勵。

「共同教育」和唐老師的方式相同，無論是看電視或聽音樂、繪畫等都應在一起，但母親大可無需考慮孩子，儘管全神貫注在正進行的事情上。因此，用「共同

教育」的名稱較適合也說不定，這與過度保護教育和放任教育截然相異，利用這種方式，才能使孩子自主地孕育自我的興趣。

某幼稚園老師的親身體驗也談到，孩子在和老師共同看電視與老師不在時的集中力大為不同。老師另有要事辦理，讓幼稚園生自己看電視時，孩子的興趣逐漸減低，結果不是吵架就是大聲喧嘩。

就只因為老師全神貫注在電視上或母親熱心地聽著音樂，即可使孩子的興趣程度出現差距，由此可見老師或母親的存在對孩子的意義有多麼重大。

一般人往往把使孩子對事物抱持興趣，看成艱辛而高深的學問，但是孩子的意欲僅僅希望母親和自己一樣地做同一件事而已。電視上的幼兒節目也非只放給幼兒欣賞，而是希望母親能和孩子共同在一起全神貫注地欣賞。

母親也要對孩子感興趣的事物表示關心

不用贅言，孩子擁有他們自己的世界，並在他們自我的世界中嬉戲而成長。即

使在大人眼中是無聊透頂的事，但對於正熱衷於該事的孩子而言，那是一件驚天動地的偉業，同時也是任何代價所不能交換的精神食糧。

但卻有母親對孩子所做的事擺出卑視的臉色，好像孩子正在做愚蠢丟人的傻事一般，這簡直令人驚訝莫名。

前節說過，母子共同做同樣的事是孩子無上的鼓勵，同時母親對孩子正進行的事表現關心，更能增加孩子的勇氣。話雖如此，但也並非無理的表示關心。

經常有人詢問：「我自己是個討厭古典音樂的人，但是為了孩子著想，難道非得讓他欣賞古典音樂不行嗎？」但話說回來，孩子對母親討厭的古典音樂也會有興趣嗎？

就算古典音樂能給孩子多好的影響，但只要母親稍露出厭惡的臉色，當然孩子受了母親臉色的影響，終究還是不會對古典音樂有好感。

孩子對某事抱有興趣，原本大多是受母親的影響而來的，因此，對孩子所做的事毫不關心的現象究竟是很少。大人眼中把孩子所做的事看成愚蠢，是因為站在大人的觀點來看孩子，如能冷靜地回想，必能發現自己從前在什麼時候必也曾做過那件「蠢事」。

不斷進入孩子世界的事物，能強制孩子的興趣，如果毫不關心，只會減半孩子的興趣。經常於孩子周圍仔細地深加留意孩子正在做的事情，才是母親應採取的態度，即使不強迫的給予孩子刺激，或如何地不關心，孩子還是無法排斥從母親身上接受而來的刺激。因此，諸位無妨想想，關心孩子所做的事和鼓勵後再叫孩子去做，兩者間何者較對孩子有益。

需要表現對孩子的關心，但卻忌諱強迫。因為母親喜歡的事孩子也喜歡，所以即使孩子的「做法」如何愚蠢，那也是孩子成長的階段之一。母親溫和照料看守的眼神，是勝過任何語言的鼓勵。與其從更高的地方俯視孩子，倒不如立於孩子的觀點往上仰視雙親。

父母要經常檢查自己對孩子所採取的培育方法是否有成效。如果有成效就應立即冷靜下來想一想，這是為什麼？

正如弗里曼告誡的：「有時候，父母做出的努力可能太大，反而不能培育出你感到滿意的孩子。對自己的孩子所取得的成績感到自豪，是唯一正確的和很好的，

但是，如果你發現自己所想的和談論的內容有一點其他東西，就應該馬上冷靜下來，好好想想為什麼。」

讓孩子在「飢餓狀態中」更能自動自發地學習

過分給予，是指無論是玩具或肌膚情結等方面，一般人都是在孩子需求之前，事先就給予孩子。母親們的缺點在於無視孩子的需要，這個那個買盡能買的東西給孩子，而不是等到孩子迫切需要之後才給予。

當然無論什麼事，如雙親不給予，孩子是無法自己得到的。但雙親在給予之前需慎重地考慮，必得先使孩子熱切渴望獲得，亦即非把孩子的欲求心理保持在極度飢餓狀態之下不可。若非如此，孩子必不會自動自發而積極地學習。

現代的教育問題之一在於過分給予，而且並不僅限於幼兒教育而已。由於教育一詞，使人具有教育給予被教者某些事物的強烈印象，但教育上卻也有不給予的做法。教育的巨大牽引力有所謂需求不足一環，集中力和努力都是由此而產生的。人

類正由於需求不足才能努力去獲取，最後終於能成就偉大的事業。因此，可以說對幼兒也需採取此種飢餓狀態的做法。

就像飽肚狀態時絕不會想吃任何東西一樣，欲求上的飽肚狀態不但會使食慾減退，還會喪失成長的意欲。雙親可製造孩子對欲求的空腹狀態，使孩子抱定濃厚的興趣，讓孩子自己考慮滿足欲求的必要性具有濃厚的教育意義。

被堆積如山的玩具所包圍的孩子，會認為理所當然，而當欲求不滿時，也不會嘗試著以自我的努力積極地下功夫去獲取他所想要的東西，也永遠無法獨自開創自己的道路。

不給予和給予同是教育方法之一，很多人大概早已遺忘了這種方法了！說不定不給予比給予真的更加困難，但身為母親者卻必須要有忍耐的勇氣。孩子想要玩具就買玩具給他，要人抱就立刻抱他，這在雙親來說是最簡單不過的事。

我們有所謂過度保護和溺愛的用語，這絕不是單指對孩子過度保護和溺愛而言。直到孩子迫不及待之前冷靜地等待，非到「飢餓狀態」已達飽和點時絕不給予——沒有這種勇氣和忍耐力的雙親，等於是過度保護自己和溺愛自己。

熟知應給孩子什麼樣的東西，並想辦法讓孩子渴望那種東西，也是雙親的重大責任。這才是真正不同於斯巴達式教育也不同於放任主義教育，而是真正替孩子設想的教育真髓。

父母對孩子有求必應的態度，其效果將會適得其反。美國經濟學家朱麗葉・蕭爾說：「父母徵求孩子的意見，而且對孩子的意見也會響應。」這對父母和孩子來說都是一個很大的進步。可是另一方面，很多父母很難開口說「不」。

很多專家說，「多其實就是少」。給孩子太多其實就等於沒有。蕭爾的研究顯示，給孩子太多會導致孩子沮喪、焦慮、自尊心低下，不滿意的事情更多，與父母的關係更壞。健康專家說，這種要什麼給什麼的態度，是造成兒童肥胖症新紀錄的原因之一。

對多數人來說，給孩子買東西，多少算適度是一個需要解決的問題。貝齊・泰勒說：「沒有一個絕對的標準。你也不能完全不理會孩子的要求，如果那樣做，你可能會製造一個魔鬼。」

父母的正確態度，就是適當地給孩子一點，但不能有求必應。

不讓孩子有「無法獲得希求的體驗」，而把孩子培育成無慾望的「國王」

美國兒童心理學家威廉・科克的研究證明：「孩子任性是一種心理需求。」他指出，幼兒隨著生理發育，開始逐漸接觸更多的事物，孩子對這些事物僅憑自己的情緒與興趣來參與。而父母常以成人的思維去考慮孩子參與的結果，完全忽略了孩子參與的情緒和興趣。這樣，很可能導致孩子的任性。

專家認為，任性實質上是一種與父母對抗的逆反心理，其根源在於父母初始沒有重視孩子的心理需求。如果父母能從孩子的角度來了解孩子的心理需求，並採取孩子可接受的方法來安撫孩子的心理需求，就可以減少或消除孩子的任性。

最近的孩子把母親當成朋友一般，絲毫不承認母親的權威，已為一般人所認定。更極端的實例，甚至於把母親當成了傭人，孩子命令母親，稍不從心即叱責母親的情形也到處可見。只有這樣的母親才會嘆息：「我家的孩子毫不聽話。」但他卻完全沒發現養育「不聽話的孩子」是母親自己的責任。

上一節說過，無論多麼幼小的嬰兒，只有使他們處於欲求的「飢餓狀態」中，才能產生自我努力，以期獲取希求的事物的能耐。如果滿足了所有的欲求，當然會使孩子遺忘如何去積極努力，最後自然變成任性的「國王」一般。從小就給予任何想要的東西的養育法，恐怕最後可能養成不知喜悅、不知努力、不尊敬雙親的「三不」孩子。

無論哪個人，都是經由自我的積極努力獲取希望的東西而感受成功的喜悅。而此種喜悅變成「彈簧」，產生向著更高級目標努力的意欲並逐項進步。自「偶像時代」至幼兒期的過程內如不給予孩子此種經驗，絕無法獲知以自我的力量完成某事的喜悅感，且變成依賴心強烈的孩子。

此外，慣於從他人之手滿足自己的慾望，最後變成認識到自己所做的事和他人的價值。自我努力獲得的東西和由他人所給的東西，終究雖同樣是得到，但其價值和意欲卻不同，因此，大人和小孩同樣的在做任何事或請求他人做任何事時，都會有不滿存在。使孩子滿足所有慾望，等於使他無法認識自我慾望的價值，最後則更演變成欲求不滿的狀態。

最令人耽心的就是母親的權威會因此而喪失殆盡。孩子欲求不滿就找母親出氣，而通常母親不是驚慌失措就是相反地懼怕孩子，所以，盡可能努力滿足孩子的欲求。很多人誤以為滿足孩子的欲求是母親的責任，不過，母親真正的責任在於協助孩子確立目標，並輔佐孩子努力達到那個目標或獲得那個目標。

只要母親有權威性，孩子就會無止境地不斷努力追求更高階段的目的地。對孩子想要什麼就給予什麼的母親，等於親自剝奪了成長中的孩子心目中最重要的「權威性母親」的地位。

輕視幼兒的「為什麼」會使幼兒喪失好奇心

有人說，幼兒可被看成是自然科學家和數學家。孩子在接觸自然科學和數學時總是提出各種問題，並渴望得到解答。對於孩子提出的各種問題，父母應幫助孩子，尋找答案，並給予表揚。

有些父母的回答過詳細，幫助過多，因而剝奪了孩子自己去探索、發現和學習的樂趣，抑制了孩子天生的好奇心和創造性。

有些父母不懂裝懂，對孩子提出的問題明明答錯了，仍堅持己見，甚至動用父母的權威要孩子接受自己的觀點。

有些父母，在孩子提出問題時，卻大發其火或加以嘲笑，以及不加理睬去做別的事情。其主要原因是，父母不懂、怕丟面子、失去尊嚴。

一位三歲左右的孩子問母親：「玻璃為什麼是透明的呢？」母親很熱心地就玻璃的原料、製造方法等詳細地解釋給孩子聽。雖然，最後好像並不能把解答說明得十全十美，但或許如此愈增加孩子對玻璃的好奇心，而繼續邁向知識的更高階段目標。

假設此時母親以「因為本來就透明所以玻璃就透明嘛」不成答案的回答，必阻絕孩子的好奇心，且使孩子喪失往下階段的目標。本來要回答孩子「為什麼」的疑問，的確相當困難，姑不論能否回答孩子的疑問，至少大人們可和孩子共同思考「為什麼」。這位母親的態度是導發孩子興趣的原動力。

例如，孩子問電車為什麼會開動時，大多數的父母親都會回答：「是電帶動

的。」而孩子又再追問為什麼電能夠讓火車行走呢?如用「用電就可以使東西開動」回答,很容易切斷孩子的好奇心,因此至少要竭盡雙親知識能力所及的範圍,解釋馬達、磁力等原理啟發孩子。或許又有人說,對孩子大談這些理化原則,孩子也根本不會明瞭,但孩子理解與否並不是問題的中心。

母親對孩子的疑問所採取的認真態度,才是孩子心目中最重要的。或許母親誠摯的態度也傳染給孩子,使孩子深知自己提出的疑問有回答的價值,而逐漸擴大好奇心的範圍。

隨便地回答或惡意的「欺騙」,使孩子覺得失望,認為自己的疑問根本不是值得一提的事情,很可能就此終結孩子對知識的探究心。

某大學教授曾說過他在回答三歲孩子的「為什麼」時,就像在大學上課般地認真解釋給他聽,或許由於被問者認真地回答的關係,孩子也端正嚴肅地坐在椅子上,比目前的大學生更用心聽講。

和孩子之間的對話涉及孩子是否能「立刻」理解,因此,可以說回答孩子的「為什麼」,而做到讓孩子能夠理解的程度實在相當困難。

對孩子而言，最重要的並非理解與否，而是雙親努力培養孩子好奇心嫩芽的精神。因此，認真地回答比讓孩子理解是更要緊的先決條件。

強迫孩子吸收討厭的事會導致性格上的缺陷

人世間被稱為天才的人，有不少是屬於所謂「狂人」、「瘋子」型。這類型的奇人一旦熱衷於某件事時，其他事根本沒放在眼裡，同時更不為世俗的雜事所惑，有時候也可看出他們在性格上的缺陷。分析這些人的幼兒期，可找出一個共同點，樂聖貝多芬就是一個例子。

各位都知道，貝多芬的父親是個宮廷教堂的樂師，據說是個嗜酒如命的人。貝多芬在音樂方面的才能被父親所賞識，因此，從四歲起就開始接受到父親嚴格的訓練。他父親深以幼兒期就被視為天才而受世人謳歌的莫扎特為念，他極欲在貝多芬八歲時讓他公開鋼琴演奏，以進運世界樂壇。據說貝多芬父親的指導方法與其說是嚴格訓練，倒不如說是滿身酒臭時的瘋狂行動。

其後貝多芬自覺自己的耳病，而變為極度地討厭世人。當他為歌德的歌劇「艾爾蒙」作曲之後，他曾寫過一封信給「永遠的情人」。但最後終究沒能與他所仰慕的女性結婚，獨身以終其生。

貝多芬不幸的一生，絕不能說和他幼兒期中父親的影響無關。法國天才數學家、哲學家巴斯噶同樣也可見到類似貝多芬的性格上的偏見。這些事實給我們很好的啟示，那就是對已過「偶像時代」的孩子過分地壓迫，會導致孩子性格上的缺憾。

本書也強烈地主張應給「偶像時代」中的孩子大量地刺激。最重要的秘訣在於仔細觀察孩子的成長，即使需要強迫時，也盡可能避免無理和勉強，以免造成不良後果。在某意義上而言，就算施予動物性、機械性的刺激，但在「偶像時代」的孩子仍能順暢地接受，但前提條件需以孩子無意識之中進行為要。

過於熱心想把孩子培育成天才的父親，很容易把教育誤偏向強迫教法一途，而欠缺對孩子溫馨的愛。被尊為十九世紀最偉大的數學家高斯是個磚瓦工人的兒子，他父親絕沒有想到要把高斯培育成優秀的數學家。高斯經常隨父親到工廠去，眼見

父親累積成千上萬塊的磚瓦，使高斯極自然地開發了他數學上的頭腦。

父母要給予孩子關心和愛，這是培養出好兒女的妙方。父母為孩子奉獻愛心，就會使孩子養成良好的習慣。父母只要經常留意孩子的長處，孩子就會做出積極的反應，會取得意想不到的教育效果。

給予不論多小的孩子構案，使他發覺自己所需的東西

企業界經常使用「構案小組」一詞。簡單地說，為了達成企業所必要的某目標，召集各個部門而來的職工成立一個小組，以研究達成該目標的可行方法。換句話說這也是「目標管理」的方式之一，使用此種方法並非命令每個職員提出創意心得，而在造就員工以自我的積極意志生存。

這種手法也可以大量活用於孩子的成長過程。換言之，母親就是企業的經營者，給予孩子目標時，而達成該目標的手段和方法則委諸孩子自己的創意功夫。例如，以孩子最喜歡的積木遊戲來說，大抵上，如孩子想造個城堡，母親會指示孩子

先用四角形的積木，再用長方形的積木，再用三角形的積木等，從目標到方法都由母親掌握。

此種方式之下，無法產生孩子的思考力，孩子只是依照母親的命令疊積木，純粹以「機械」為終。不用說孩子成長過程最重要的並非累積木頭，而是把什麼樣的積木累積成何種物體的思考。無論結果積出的城堡樣子，和母親心目中希望的樣子相差多遠，都不是問題。就算孩子以三角的屋頂代替四角屋頂，但那個城堡卻是他人無法積成，屬於孩子自己發明創造的東西。

所以有位著名的建築師就曾說過，給予孩子某個構案，可從欣賞其中作業過程之間，獲得大人的思考力所不能及的貴重靈感。孩子為了達成受命的構案，積極地突破各種困境和思考，最後築成僅他一人才能構築的城堡。

我們不難想像其間的過程，如何刺激孩子的頭腦活動而誘發孩子成長。如母親指示此關係重大的思考過程，則孩子無從獲得突破困境和超越思考的體驗，就算肉體上如何成長，但最後恐怕變成非母親的指示無法完成任何事的機器人。

著名的法國思想家安娜多利法蘭西曾說，對孩子的將來最必要的是「好音樂、

好空氣、好牛乳」。好音樂正如構案。構案一詞含有「投影」的意思，孩子的成長即是母親對孩子投影的結果。

父母在細心觀察和積極發現孩子最感興趣的事物之後，就應該正確的引導。所謂正確的引導，就是給予鼓勵，為孩子發展個性創造有利條件。

父母不要以自己的意志來左右孩子，不要給孩子將來所要做的工作，所要從事的事業畫道定框，更不要逼著孩子硬著頭皮去學習他們不感興趣的東西，去做感到厭煩的事情，否則必事與願違。

學習並不一定要「認真」

國人經常被批評為「精神緊張民族」，無論工作或喝酒時，不經常保持一種緊張感就無法滿意，在外國人眼中著實不可思議，真不曉得他們什麼時候才會輕鬆下來。其中表現得最為突出的，大概要屬生意界和教育界。

在生意方面，那種緊張感，也就是凡事非十全十美不滿意的「認真性」，在另

一方面可說是把台灣高舉為輸出大國的原動力，但在教育界又如何呢?就如以「請認真地用功讀書」一詞為象徵似的，經常要求認真學習也是國人的習性。端坐在桌前唸書，即使不能理解，但只要熟讀幾百次就能無師自通的精神主義，已濃厚地反映出讀者的濃厚色彩。在課堂上坐正姿勢認真做筆記的人，至今仍被視為「認真用功的學生」。

但這種認真性最易趨於過度熱心的，就是那些所謂的教育媽媽。完全犧牲對孩子功課有害的東西，一味地要求孩子「認真用功」。認真的母親也要求孩子至少要有「認真性」，因此「認真性」逐漸拉攏，最後到最高處無法承受而脫落的悲劇時有所聞。

也有「認真地用功，認真地玩耍」的說法，把用功和玩耍嚴格地區別著。但我認為非把讀書與遊戲清晰的以一線嚴格畫分不可，實在不可思議，負責教育孩子的雙親應負最大的責任。例如，雙親們把玩具和教育機器區分成遊戲和學習的道具，但對孩子而言，玩具也是學習道具，而教育機器也是一種玩具。

就孩子而言，他們感興趣的東西就是學習的道具，經由遊戲自然學習吸收的東

西，才能百分之百成為孩子的血肉。邊遊戲邊學習，邊學習邊遊戲才是真正的教育。正因為這樣，從其間獲得的知識才能成為自己的東西。

回顧從前，所有的「遊戲道具」都是教育機器的歷史上和文化上的背景。因為如果遊戲用不著認真，那麼學習也同樣用不著認真。或者反過來說，認真遊戲是真正認真地學習也說不定。一旦消除認真和遊戲是正反兩面的意識時，就可使孩子逐漸成長，同時雙親也不再覺得應犧牲自己的生活來認真地教育孩子了。

《認真的戰士們》一書的後記裏寫下他閱讀的《美國常見的清晨》這本小說後的感想。

「那是描述擁有一個男孩的中年夫妻的故事，丈夫當然不用說，即妻子對待孩子不僅是漠然而甚至於傲然。這位美國母親的生活以社交、打高爾夫球、旅行等為軸心旋轉，無視於患有精神疾病的兒子，獨自前往外國旅行。這位母親並非目前在社會上引起熱門話題的壓榨型妻子，而是擁有明晰的人生觀，對孩子也是以個人對個人的態度對待。她眼中幾乎無視於孩子的教育或升學考試等問題，也不在家庭內提出討論。孩子是孩子，他可從運動或朋友中尋找生活的意義——這是目前美國極

正常的生活方式。和我的作品相較，無論相同的年代或相同的家庭組織，其彼我間生活的型態也不同，因此使我重新思考我自己的想法。」

要給孩子一個自由空間，就是讓孩子有自由發展的權利，「還孩子自由自在的天性」，即還孩子一個愉快幸福的童年，發展他們自由自在的天性。有些專家認為，獨角戲能給孩子更廣闊的天空。

許多兒童發展學專家認為，獨角戲不但能夠幫助孩子學習專注身邊的事物，更能夠幫助他們發掘自我和培養創意，為孩子的日後打好學習基礎。

以參考教導孩子自然可理解抽象的概念

有些人對「教育」一詞頗不好感，因為教導某件事卻逐項分析，而過於讓受學者理解其意義。不讓其理解意義則不成為教育的說法，應用對於「偶像時代」中的幼兒教育方式完全毫無意識。但我認為，即使孩子不懂其中意義，但孩子如能在生理上接受吸收得到的刺激，最後仍能逐漸演化成知識，也能自然而然地理解。如非

如此，那麼，為什麼幼小的小孩子輕鬆自在就可以暢順地說出外國人無法理解的艱難國語呢？

著名的瑞士兒童心理學家畢亞傑，主張兒童非到四歲左右無法理解抽象的概念，但如將抽象概念以偶像以灌輸予孩子，可使他們在生理上接受，並逐漸以概念而理解。因此，把抽象概念偶像化烙印於孩子腦中，才是教育本來的面目。

姑且舉出一例說明以使諸位易於了解。任何孩子都明白母親站立時和睡覺時姿勢不同，即使孩子無法理解垂直和水平的抽象概念，但如把站立就是垂直、橫睡就是水平的概念，以偶像認識灌輸給孩子即能記住，日後再教予垂直或水平的用語就行了。但此處最重要的是如何把抽象概念偶像化的努力。因此，與其在紙上畫出垂直線或水平線，倒不如母親自己站立或臥倒更可收巨大的教育效果。

目前美國的幼稚園經由應用身體，亦即應用行動使幼兒經驗抽象概念，並轉成知識吸收的教學法已獲致成功。例如，讓孩子想像七這個數字的概念，首先在蹺蹺板上坐五個孩子，由於尚有孩子想坐，因此兩邊角再各坐一人，然後再教孩子，這就是七哦！即使此時尚無法理解七的概念，但在主觀上，卻能想像蹺蹺板上的幼稚園兒增加意味著「數字」的增加，最後也能了解多坐一人數字就增加一個。

讓孩子直接接觸和觀察事物，使孩子對事物形成直觀、完整、具體的印象。以後一想起名字，在腦子裡就會出現具體形象。

如果想要孩子記住某一些東西，如母親手拿三角形的東西說：「這是三角形」。在教導時要用雙眼望著孩子說話，可以令孩子加深印象。

充分利用直觀教具，幫助孩子記憶。在日常生活中常可以聽到孩子模仿電視廣告或卡通人物的語言，而且惟妙惟肖。此法可與玩具遊戲結合。

教導方法的努力不夠，所以孩子無法理解抽象概念的理論是所謂「專家學者」流的自傲說詞。我們必須從這個幼稚園的指導法之中學習的，最是孩子能夠把持何事情以偶像而把握，而以參考方式教導可誘發幼兒的興趣。

無法擴大遊戲方法的玩具便無法使孩子的智能發展

古來的雙親們送給孩子的玩具之中有一種「積木」。根據排列組合方法的不

同，可用積木構築各色各樣地東西，因此，大大地刺激了孩子的創作意欲。積木的特性：「積木由於具有物理上和形態上的法則性所以受到限制，但相反的卻使積木產生無限的可能性。」

百貨公司的玩具商品部擺滿了鋁製的汽車、火車、洋娃娃，以及棒球用具、遙控玩具等高級玩具。常有大群的孩子們聚集於該處，睜大了眼睛且專心地遊玩於此。由母親帶來的孩子面對五花八門的玩具堆，終究仍無法發現自己喜愛的玩具，結果往往是由母親來選擇玩具。

這麼千辛萬苦才買回的玩具，到了孩子手中只不過兩三次就玩膩了，母親的苦心也化為水泡，因此經常嘆息：「要怎樣才能使孩子滿足呢？」的母親當不少。

雖然既成品的玩具開始能夠引起孩子強烈的興趣，但因為自己參與其間的機會減少，且甚少含有刺激想像力的成份，所以孩子立刻就完全沒有興趣了。換句話說，既成品的玩具沒有「發現」，絲毫不留自由發揮想像力的成份在內，所以無法深深扣住孩子的想像力和興趣。

立即厭倦高價的玩具而卻對散落滿地的木頭和石礫百玩不厭，即是由於孩子可

自由地參予創造，依自我的想像力所及的可能範圍內，隨心所欲地創造二度空間或三度空間式的各樣型像。如玩具含有教育性意義在內，就是活動想像力以及讓孩子體驗新式的發現。但相反的不具有此種意義的教育機器，只不過是個單純的機械，對孩子而言，那和既成品的玩具根本沒有什麼變化。

玩具原本並不是用來供孩子閒暇時消磨時間用的道具，而是經常地含有側面性的教育意義。所以無論單純地教育機器或玩具，只要能夠誘發孩子的想像力，並因此而體驗新式的發現，區區一小片木頭也可說是偉大的教育機器。經由此類的體驗，自然地能夠使孩子發展豐富的智慧能力。無法依自我的興趣而逐漸擴大遊戲範圍的玩具，可說早已失卻玩具的意義和機能。

讓孩子在玩耍中長能力，這是父母引導孩子玩玩具或其他遊戲的根本目的。日本著名幼兒教育學者山下俊太郎指出：孩子的早期定向教育應「從玩耍、娛樂及遊戲中開始」。因為玩耍時孩子的注意力特別集中，大腦敏銳度顯著增加，對滲透於其間的知識與經驗尤其容易接受，對智力和體力的啟動作用最強，所以在能力的培養方面可以收到事半功倍的效果。

遊戲的程序應由孩子思考

遊戲是含有促進孩子身心成長，並實現形成一個人的重要意義在內的行為。依雙親對親子遊戲所採取的對策如何，可使遊戲喪失意義，或成為優秀的教育，或許雙親應對孩子的遊戲賦予最深厚的關心。

話雖如此，但並非建議雙親們更加「干涉」孩子的遊戲。相反的，建議母親們思考孩子的遊戲意義，在不束縛孩子的自由下予以協助啟發。大部分的母親買玩具給孩子，如不照說明書上的方式教孩子玩似乎很不是滋味，但我認為雙親的任務只到把玩具交給孩子，孩子要用什麼方法去玩應讓孩子自由去行動。由孩子自身思考玩法，才能透過遊戲而發展自我的能力。

《都市的遊樂場》一書的作者哈德溫爵士夫人，也主張雙親不應干涉孩子遊戲的方法，她曾說：「喪失經由遊戲而獲得自我教育的機會，自信或依賴自己的能力之欲求，也同樣地喪失殆盡。」

在前面說過，孩子經由自我的意思參與遊戲，才有辦法培育「自信」或「依賴自我的能力的欲求」。雙親干涉遊戲的過程或目的，致使孩子失卻自由選擇的權利，因此與其說是遊戲，倒不如說結果是被玩具所玩耍。再三強調雙親應對孩子的遊戲賦予最大的關心，也就是提醒大人理解其中奧妙，領導孩子透過遊戲而達到自我發展的目標。

有時孩子損壞玩具，說不定也是他們遊戲的目的之一。訓誡孩子不可損壞玩具，並指示孩子各種束手束腳的玩法，只能使孩子把該玩具當成毫無意義的廢物。仔細地維護東西是「偶像時代」中非教導不可的重要教養之一，除遊戲之外，尚有許多機會可教導孩子維護東西的觀念。對正專心致意地損壞玩具的孩子加以制止，與其說是教養孩子，倒不如說是干涉孩子的行動，反而喪失個性形成的機會。

日本東京大田區的東海道本線沿岸有一稱為「輪胎公園」的公園。此公園幾乎全是砂場，其餘的就是放置於各處的輪胎。此公園利用舊輪胎製造各種怪獸、機器人、金字塔等，到此遊玩的孩子幾乎對那些成品不屑一顧，而努力地和散置各地的舊輪胎格鬥，以思考他們自己的遊戲方法。

換句話說這個公園不僅提供孩子們遊戲的手段，同時可讓孩子自由地選擇遊戲的目的和過程。不知是由於這樣才獲得孩子們的喜愛，或是因為此公園設施的不同，所以遠道而來的孩子幾可說絡繹不絕。鞦韆、滑梯是已經決定遊戲目的、過程的遊玩道具，因此，可使孩子參加想像力的餘地可說等於零。

大人們只要提及公園，就認為非得擁有鞦韆、滑梯、單槓等設備不可，對孩子而言，只要有遊戲場所和其他在場的小朋友，那麼，已經備妥遊戲目的和過程的既成遊戲道具已不必要了。看著在公園內遊玩的孩子背影，或許有人能明瞭這才是孩子遊戲的典型之一，但孩子自己的感想才是最正確的解答。

孩子曾說過，「這裏有我的夢想」，而實現這個夢想者並非建立公園的那些大人，而是在那個公園內遊玩的孩子。

既成的洋娃娃或遊戲道具至少也含有其身為玩具的意義，孩子在遊戲過程中也許可找出其中的意義。只要有此種發現，孩子就能感受遊戲的樂趣，因此雙親能做的只是提供孩子遊戲的手段和場所而已，其餘的讓孩子自己去思考，如非如此，或許可能把孩子造就成無法獨自遊玩的弱者。遊戲是孩子身心成長中所不可欠缺的要件，也就是說，孩子自己可以創造自我教育的場所。

巴西的心理學家克麗絲蒂娜・莫雷爾說：「孩子們由玩具表現他們的生活方式。」「我們可以這樣歸納孩子活動的發展順序：觀察、動手和發明。他們希望和能夠利用玩具做些什麼，隨著年齡的增長而變化，直到創造和幻想階段。」這就要求父母為孩子選購適合他們的玩具。

孩子感興趣的對象無優劣之分

古諺有云「鄰居的花是紅色的」，「鄰居的貧窮有如雁味」，也就是說人與人相比常可發現一憂一喜的現象。他人擁有的東西實在「越看越羨慕」，而對他人的不幸則暗中感到優越感，或許無論如何都對「他人」的存在感到在意，是人類的特性。

或許大人也把孩子當成與他人之間比較的對象，所以，嬰兒呱呱墜地後就開始一生的「比較競爭」。那家人生了男孩自己卻生了女孩等，於事無補的小笑話姑且

不論，但同是出生十個月，對方已經能握握手或搖手再見，但自己的孩子卻什麼都不會。會不會是自己孩子的智能發展過慢呢？當父母親的可說無所不耽心，無所不比較。

嬰兒雖然處於不斷地生長發育之中，但是，卻呈現其固有的生長發育規律。這就是階段性、連續性、波浪式、不平衡性、漸進性、協調性、身心統一以及個體性等規律。

育兒書籍中的確很清楚地寫著標準的智能發達過程，但書中所寫的並非絕對「標準」，也不可說比書中更快的就屬智能發展快速，較慢的就屬智能發達過遲。依出生後所受刺激的種類不同，嬰兒興趣對象也有快慢之分，因家庭組成的不同，語言能力的發展也更不盡相同。

每天欣賞古典音樂的母親，可能使嬰兒也喜歡古典音樂，喜歡流行歌曲的母親每天欣賞流行歌曲，孩子也同樣有可能變成流行歌曲迷。因此，我們不能隨便斷定別人的孩子有「藝術天份」，自己的孩子則根本不理解藝術。

孩子明瞭某種事並非是鐵定的標準，絕不是以瞭解與否來決定判斷孩子的優

劣，只要反覆地給予刺激，相信不懂的孩子也會懂。不教孩子再見或握手而硬要孩子做，豈不是無理荒唐的要求。依母親的教導方式就可如意的將孩子培育成「白花」或「紅花」，單比較紅花、白花，實在絲毫沒有任何意義。

最重要的並非拿自己的孩子和他人的孩子比較，而在於把孩子教養成什麼樣的人，同時，母親應如何努力才能達成此一目的，才是最有意義的事。如果有空看到「鄰壁的花是紅色」，無妨利用那些時間觀察自己的孩子對什麼事有興趣，應怎麼做才能發揮孩子的這種興趣等，才是對孩子有益。

幼兒教育的本質在於「超越範圍」

現在科技和科學方面的革新可說日新月異。往昔人類認為夢想的登月探險早已成為事實，而且在全世界的家庭裏也能同時看到各地所舉行的運動會、活動等大事，因此，革新可說已完全改變了我們的日常生活型態。此類革新並非侷限於過去的技術或理論，而是超越既成的領域而產生的結果。

企業界經常涉及於創造性的問題，沒有創造性的當然不可能出現任何的革新。想在激烈競爭的商界裏佔一席生存之地，必得花費極大的心血在技術革新方面，而創造性就是技術革新的原動力。如不經常技術革新，很可能危及公司的命脈，因此，創造性被視為必不可缺的動力。生存在這樣激烈競爭、革新的世界裏，如稍將目光轉移到教育，可發現再也沒有比教育更沒有實行革新的行業了。

即以幼兒教育為例，嬰兒時期開始非得硬灌輸孩子各色各樣的東西不可的理解，仍然大行其道。因此，一旦孩子成長到可以獨力行走時，大人就拼命地開始填鴨式教育，把孩子侷限於某固定的範圍內而動彈不得。

建議全世界的母親向孩子的教育挑戰。我討厭模仿別人，因此，對於經常嘗試各種新鮮的行動有著濃厚的興趣，人類原來就具有超越範圍的慾念，並從其中產生進步之芽。

只要雙親還有「孩子還小什麼都不懂嘛，所以……」的觀念繼續存在，就永遠不可能革新孩子的頭腦和人性。因此，幼兒教育的本質就在於「超越範圍」。

「讓孩子欣賞良好的音樂孩子也不懂」，「培養無法明辨事非的幼兒教養也是徒然」的觀念，把目前的幼兒教育五花大綁地困於死胡同內。除了母親之外，任何人都沒有能力把孩子救出這個死胡同，也無法給予孩子海闊天空的世界。

在固定的胡同內培育出來的孩子，或許在目前的學校制度中能夠正確地在答案紙上寫出正確的解答，而被視為標準的優等生、模範生。但我深信，能夠提出有趣的問題和能夠發現更新的解決方法的人，才是今後這個世界所真正需要的人物。

為培養孩子具有健全的人格，父母必須同心協力做好家庭教育，讓孩子在良好的家庭環境中健康的成長。

大展好書　好書大展
品嘗好書　冠群可期

大展好書　好書大展
品嘗好書　冠群可期